Dilmês
O IDIOMA DA MULHER SAPIENS

CELSO ARNALDO ARAUJO

Dilmês
O IDIOMA DA MULHER SAPIENS

1ª edição

EDITORA RECORD
RIO DE JANEIRO • SÃO PAULO
2015

CIP-BRASIL. CATALOGAÇÃO NA PUBLICAÇÃO
SINDICATO NACIONAL DOS EDITORES DE LIVROS, RJ

A69d
Araujo, Celso Arnaldo
    Dilmês: o idioma da mulher sapiens / Celso Arnaldo Araujo. – 1ª ed. – Rio de Janeiro: Record, 2015.

    ISBN 978-85-01-10676-6

    1. Dilma Rousseff – Brasil. 2. Sátira política. 3. Língua portuguesa – Gramática. I. Título.

15-27163

CDD: 469.7
CDU: 811.134.3'42

Copyright © Celso Arnaldo Araujo, 2015

Todos os direitos reservados. Proibida a reprodução, armazenamento ou transmissão de partes deste livro, através de quaisquer meios, sem prévia autorização por escrito.

Texto revisado segundo o novo Acordo Ortográfico da Língua Portuguesa.

Direitos exclusivos desta edição reservados pela
EDITORA RECORD LTDA.
Rua Argentina, 171 – Rio de Janeiro, RJ – 20921-380 – Tel.: 2585-2000.

Impresso no Brasil

ISBN 978-85-01-10676-6

Seja um leitor preferencial Record.
Cadastre-se e receba informações sobre nossos lançamentos e nossas promoções.

EDITORA AFILIADA

Atendimento e venda direta ao leitor:
mdireto@record.com.br ou (21) 2585-2002.

Sumário

Prefácio. O português de Dilma
(Deonísio da Silva) 7

Introdução. No começo era o verbo 11

1. Dilma fala: "Pra mim sê pré" 21
2. A "bichinha palanqueira" e a "imensa capacidade" do dilmês — que controla até avião 29
3. A sapiência da *Mulher sapiens* foi chacoalhada pela caxirola 41
4. A única mulher que hesitou entre o balé e o Corpo de Bombeiros — e se tornou presidente 51
5. A mãe do PAC é metade do mundo — e mãe da outra metade 61
6. A casa do espanto é própria de Dilma: mostra nossa "capacidade de viver e de morrer" 69
7. Dilmês é como a gripe de Dilma: "Uma doença que ataca cada um de nós" 79

8. Todas as artes do dilmês cabem num pendrive: é a "penacoteca" de Dilma … 91
9. Dilmês: um serial killer das letras alheias … 103
10. Papéis secretos do governo Dilma: os únicos escritos conhecidos em dilmês … 119
11. A volta ao mundo em dilmês: do soldado búlgaro desconhecido ao dentifrício mágico … 129
12. O dilmês faz as contas: há dois países com mais de 1 trilhão de habitantes e 4 para 13 dá 7, fora o resto … 147
13. Durante os *comprimentos* mais compridos do mundo, dona Maria entrou no discurso errado … 157
14. Antologia do dilmês: (quase) o melhor do pior … 167
15. "Não esqueçam o que falei" … 199

Prefácio

O português de Dilma

Deonísio da Silva

Eram os confusos, mas esperançosos, anos 1980. Aurélio Buarque de Holanda pensou em incluir o verbo "malufar" e o substantivo "malufício" nas novas reedições do *Dicionário Aurélio*.

Um dicionário é mais conhecido pelo povo como pai dos burros. Todavia, muitas palavras cujo significado desconhecemos não estão lá. Outras, como as duas citadas, variantes de roubar e de malefício, ainda não foram incorporadas.

Os dicionários já estavam desatualizados quando surgiu o dilmês, o português de Dilma. E a coisa piorou. Até a dicção da presidente dificulta a busca das palavras nos dicionários. Não adianta procurar. Sua sintaxe é quase insolente.

É verdade que o povo brasileiro continua ouvindo e falando muitas palavras que não estão nos dicionários, pois sua habilidade verbal é impressionante, não apenas no uso daquelas que aprendeu, senão também no manejo daquelas que inventa a cada dia. Mas não entende o dilmês.

Por isso, este livro de Celso Arnaldo é indispensável. Aqui, ninguém será derrubado pelo tédio, sempre um mau presságio, que marca tantas declarações de nossa presidente. Nem será ofendido pelos crimes de lesa-língua, presentes nos ataques a este maravilhoso patrimônio herdado dos portugueses.

Celso Arnaldo detona o estilo presidencial: "Com sentenças que, levadas ao pé da letra, sem uma rigorosa revisão, seriam barradas da ata de reunião de condomínio de um conjunto habitacional do Minha Casa, Minha Vida, Dilma foi impondo o dilmês ao mundo civilizado."

Será que o português de Dilma entra na categoria do enriquecimento de nossa língua? Não, a *Mulher sapiens* e o "elogio da mandioca, uma das grandes conquistas da humanidade" não são provas da extraordinária criatividade dos brasileiros, que não se fecharam a imigrantes vindos de todo o mundo, entre os quais estão presentes os búlgaros nos ancestrais de Dilma Rousseff, como antes estiveram os tchecos nos de Juscelino Kubitschek de Oliveira.

Os imigrantes e seus descendentes deram à língua portuguesa do Brasil não apenas milhares de novas palavras, mas também inimagináveis recursos de expressão. Todavia, mesmo que os brasileiros saibam como poucos acolher palavras novas e modos renovados de dizer as coisas, o dilmês foi rejeitado. Por isso, Celso Arnaldo afia as unhas farpadas: "O búlgaro torna-se uma língua de cantiga infantil diante do atormentado dilmês — idioma assemelhado ao búlgaro por sintaxe genética."

Ele nos mostra que este povo não merecia uma presidente que fala como Dilma. Ela não é desconexa apenas no modo de governar. Também no quesito da fala são notórias suas agressões à lógica e à sintaxe. E como lhe fazem falta a cordialidade e o jogo de cintura!

Seu antecessor, que não estudou porque não quis, aliás, sabia comunicar-se com uma eficiência extraordinária no exercício da Presidência da República, mesmo tropeçando na norma culta do português, principalmente quando posto em contraste com seu antecessor, de quem disse o insuspeito Darcy Ribeiro que era um luxo ter um presidente como Fernando Henrique Cardoso.

Por motivos freudianos, era esperado que, quando a mulher viesse para o proscênio do poder, as coisas melhorassem. Se fosse mãe, melhor ainda. A mãe cuida da casa, e o Brasil é a nossa casa, a casa de todos. Ledo engano!

Os antigos gregos, que forneceram os étimos de "economia", pela junção de "oikos", casa, e "nomos", ordem, achavam, entretanto, que a esperança era um mal. Porque podia nos enganar acerca do futuro. Os sábios helenos exemplificaram com um mito esta crença desconcertante. Na caixa ou jarro de Pandora, a esperança foi o único mal que não conseguiu escapar.

Sem exagero, este livro só encontra equivalente nos antigos *Febeapás* de Stanislaw Ponte Preta, pseudônimo pelo qual era mais conhecido, nos anos 1960, a década que mudou tudo, o jornalista Sérgio Porto, que cunhou a sigla com o fim de designar o "Festival de Besteira que Assola o País".

Devemos a Augusto Nunes mais esta revelação. Foi ele quem abrigou os saborosos textos de Celso Arnaldo, um autor que não chateia os leitores, não precisa mostrar que sabe ou como sabe, e faz do texto uma trincheira contra a ignorância. Este livro é um presente para quem quer entender o Brasil. Ah, sim, e é muito bem escrito.

Introdução

No começo era o verbo

Tive — como é mesmo a palavra? — uma epifania. Até hoje não sei se palavra tão solene, geralmente reservada a súbitas descobertas filosóficas, pensamentos iluminados, revelações de altas manifestações do espírito, aplica-se realmente ao que senti naquele momento — até porque acho que nunca mais terei uma nova epifania diante de qualquer outro fenômeno. Pensando bem: só agora sei que tive mesmo uma epifania ao ouvir Dilma falando pela primeira vez.

Lembro bem. Eu estava na cozinha, mais precisamente no fogão, misturando qualquer coisa. Ao lado da geladeira, a TV de 14 polegadas cumpria sua função de pano de fundo, sem merecer minha especial atenção. Mas o acaso — só pode ser — programou o velho aparelho. A voz que então vinha dele, ao longe, introduzia uma descoberta que, para mim, se transformaria num processo epistemológico — para empregar outra palavrinha que só se usa uma vez na vida.

Era uma senhora discorrendo sobre as maravilhas do pré-sal. Só fixei minha atenção e descobri do que ela falava porque a extraordinária forma daquela fala, que captei sem muito esforço, conduziu-me automaticamente ao conteúdo. Aí entra a tal epifania — o "súbito entendimento ou compreensão de algo" me fez interromper os trabalhos sobre o fogão e me concentrar na velha TV, depois de aumentar-lhe o volume no controle remoto. Então, a coisa começou a fazer sentido. Ou não.

Era um canal do governo, uma certa TV NBR, especializada em discursos, eventos e entrevistas oficiais para uma única audiência: o traço. Ganhou a minha atenção, naquele momento. Era setembro de 2009 — um domingo, creio. E uma senhora austera e altiva, de óculos e tailleur, num tom de voz acima do normal para o contexto, dava uma aula PowerPoint de pré-sal a uma plateia de engravatados.

O tema exposto não era de meu especial interesse — o modo de exposição, sim. Aflorava, naquele momento epifânico, o instinto de quem, como jornalista de revista semanal por quase trinta anos, habituara-se a ouvir e captar os mais diversos padrões da sintaxe em língua portuguesa — de garranchos vocais a esculturas oratórias. Aquilo era diferente. Era fora do padrão. Um ponto fora da curva.

Não tenho a mais vaga lembrança de alguma sentença que tenha me chamado mais a atenção naquela exposição na TV oficial. Foi o conjunto da obra que impactou. A senhora do pré-sal dava a impressão de ir buscar seus raciocínios numa camada mais profunda que a do seu tema no dia — e o que vinha à tona não era nada bom. Aliás, era extraordinário. Frases que começavam, mas não terminavam, perdendo-se em rodeios desesperantes. Outras que terminavam mal tinham começado. Palavras que redundavam e se encavalavam, desafiando qualquer sequência. Enfim, a notável falta de clareza passava a impressão de uma especialista não especializada no tema que tentava explanar.

A estranheza foi ainda maior porque, em tese, ela era uma superexpert no assunto. Os créditos na base da tela da TV identificavam a oradora: Dilma Rousseff, chefe da Casa Civil do governo Lula e ex-ministra das Minas e Energia. Sim, a mesma Dilma que os cronistas políticos de Brasília já ventilavam como a candidata de Lula à sua sucessão — depois que a escolha mais natural, José Dirceu, fora alvejada de morte pelos desdobramentos do mensalão.

O fato é que saí muitíssimo mal impressionado de meu primeiro encontro com Dilma Rousseff. Concedi, porém, o benefício da dúvida a quem podia ser nossa primeira presidente mulher: fora um mau dia dela. Estava nervosa por algum motivo, só podia ser. Algo a perturbara, antes da palestra, afetando seu discurso. Uma autoridade desse nível, ex-ministra do pré-sal e de todas as outras energias, e agora uma espécie de chanceler dos subterrâneos do governo Lula, não poderia falar daquele jeito. Não demorou muito para, ouvindo-a em outros contextos, sobre os mais variados assuntos, concluir que a Dilma do pré-sal era a da superfície também.

A pré-candidata passou a ter em mim um fiel seguidor — em carne e osso, não nas redes sociais.

Um fenômeno clássico, na acepção kantiana do termo, é próprio do mundo como nós o experimentamos. A Dilma que publicamente passou a "experimentar" o Brasil com sua estranha novilíngua era um fenômeno. Em tese, uma pessoa que pensava o Brasil daquela forma não poderia comandar o país — mas isso não foi detectado na época pela mídia e pela oposição. Para mim, em particular, ouvir Dilma — sim, era eu —acabaria se tornando um hábito. Eu diria: uma obsessão com método.

Nos breves intervalos de minha atividade jornalística, passei a prestar atenção à agenda da provável candidata, que àquela altura cruzava o Brasil levando mensagens que não recomendariam um candidato a vereador em Centro do Guilherme, interior do Maranhão, onde 95,32% da população vive em extrema pobreza.

Uma porcentagem que equivalia a seus pensamentos. Como este: "Nós precisamos de uma coisa importante em nosso país, que é nossa autoestima. Olhar para nós mesmos e sabê (sic) que esse país conta fundamentalmente conosco." Nessas pequenas pílulas da Dra. Dilma, estava a raiz do idioma que dali a meses passaria a governar o Brasil: palavras de um estrato mais culto, como "autoestima" e "fundamental", pegando carona num pensamento indigente, que era a tônica de suas declarações, agravada por uma tendência a cacoetes de vulgarismo, como corruptelas (você = ocê) e o desprezo ao infinitivo dos verbos. Não era apenas, contudo, uma questão de gramática, mas de gestão. "Esse povo que pode e teve (sic) muitas vezes desempregado. Nós não queremos isso. Nós queremos todos os brasileiros empregados."

Uma presidente que queria ver todos os brasileiros empregados, incluindo bebês de colo e pacientes de casas de repouso, acionaria automaticamente o sinal de alerta, ao estilo Apolo 13: "Brasília, temos um problema."

Comecei a despachar esses "momentos Dilma" a Augusto Nunes, titular absoluto da seleção principal do jornalismo brasileiro — também um cultor da boa língua e um atento crítico da estupidez política, então assinando uma coluna de enorme repercussão no site da revista *Veja*. Impressionado, ele passou a publicá-los como posts assinados por mim.

Dilma era uma fonte inesgotável. Com o tempo, não satisfeito em apenas coletar o que os jornais reproduziam, passei a pesquisar as atuações de Dilma em vídeos e áudios disponibilizados na internet. Perdi horas destrinchando discursos e entrevistas dela pelos rincões do Brasil — manifestações das quais, imagino, ninguém tomara conhecimento fora do Palácio. Àquela altura, admito, já havia sido estabelecida minha dependência mental ao dilmês, pelo que ele tem de mais fascinante: seu poder de empobrecer qualquer raciocínio.

Minhas breves notas sobre frases isoladas publicadas na coluna de Augusto Nunes transformaram-se, logo, em crônicas extensas, nas quais dissecava terríveis discursos e entrevistas dela, do bom-dia ao até logo. Em janeiro de 2010, o Portal do Planalto facilitou minha vida. Passou a publicar todos os discursos e entrevistas de Dilma na íntegra — sem correções, além da eliminação dos vulgarismos. Sopa no mel. O material tornara-se abundante. E ainda mais convidativo. Eram vários discursos e incontáveis entrevistas por semana. E, em todos, tomava corpo uma hipótese: a indicação de Dilma à Presidência fora um grande equívoco. Um erro de pessoa.

Augusto transformou-me num personagem: o Caçador de Cretinices. O apelido traía um viés de humor — quase sempre involuntário — que meus textos incorporavam ao falar de Dilma. Depois, o titular da coluna também pespegou um apelido em Dilma — o Neurônio Solitário. Enfim, consagrou-se o nome do novo idioma da política brasileira: dilmês. Mas o humor, nesse caso, ia até certo ponto. Independentemente de suas aparições desastrosas, ela crescia nas pesquisas.

E, mesmo que no fundo torcesse para que aquilo fosse adiante, de tempos em tempos, durante o desenrolar da campanha, eu e Augusto — ele, na criação da maioria dos títulos de meus posts e também em textos próprios — passamos a dar um tom um pouco mais austero às exposições das dilmices.

Em 16 de maio de 2010, cinco meses antes do primeiro turno das eleições presidenciais, a coluna destacava: "Celso Arnaldo sobre Dilma Rousseff: a desmontagem da farsa exige mais que uma galhofa."

Eu resumia:

> Há oito meses, ouço tudo o que Dilma diz em público. Não lhe ouvi ainda uma frase inteligente. Um raciocínio límpido, criativo. Uma tirada esperta. Um jogo de palavras que faça sentido lógico e tenha algum requinte metafórico. Uma boa ideia própria. Uma resposta satisfatória e sincera. Um pensamento superior que denote um juízo superior sobre nossas mazelas e nosso futuro. Um cacoete de estadista. Uma réplica ferina.

E prosseguia:

> Só construções que não param de pé, o mais absoluto desconhecimento das leis básicas da argumentação e da articulação de modernos conceitos de estado. Uma incultura geral inédita entre pessoas públicas com curso superior. Não consegue reproduzir, sem erros grosseiros, máximas, ditados e aforismos que já fazem parte da psique popular. Em Dilma, nada se salva. Não domina nenhum tema, nada lhe é familiar.

Em primeiro de junho de 2010, Augusto intitulou assim a análise que fiz da participação de Dilma num fórum da revista *Exame* em que suas declarações, pela deturpação original, geraram polêmica: "O caçador de cretinices reconhece: 'Definitivamente, o dilmês não é uma língua fácil.'" Falando nesse evento sobre o déficit da Previdência Social, que nem de longe seria amenizado em seu governo, Dilma afirmou: "Nós temos uma coisa que é uma vantagem. O tal do bônus demográfico, né, o tal bônus demográfico nada mais é que é isso: a sua população em idade ativa, idade de trabalhar, é maior que sua população dependente: o jovem, criança e velho." Nesse instante, a reação de Dilma pareceu clara: percebera que o "velho" não caíra bem. E tentou emendar: "Mais de terceira idade, porque terceira idade tá ficando difícil, né, a gente vai tê (sic) de estendê (sic) ela um pouco mais pra lá."

Pânico na época: o "estendê ela" soou como um anúncio de que os "velhos" teriam de contribuir mais tempo com o INSS. Parece que não era isso. Foi uma tentativa de chiste de Dilma com sua própria idade — claro que malsucedida. O dilmês não é mesmo uma língua fácil.

Em 9 de julho de 2010, escrevi: "Quem é incapaz de dizer o que pensa não sabe pensar. Nem pode governar um país." O texto abria com a primeira declaração de Dilma ao iniciar sua campanha paulista na Praça da Sé:[1] "E não podia (sic) estarmos (sic) no melhor lugar. A poucos metros daqui, São Paulo cumeçô (sic)."

Consagrada no segundo turno, e após a primeira entrevista de Dilma ao Jornal da Band, publiquei em 5 de novembro de 2010: "A presidente eleita já não merece a leniência do sarcasmo que reservávamos à candidata."

Duas semanas depois, em 20 de novembro de 2010, a coluna retomava o humor, já que agora seriam quatro anos inevitáveis pela frente. Escrevi: "Dilma é uma fábula criada pela mente fantasiosa de LuLa Fontaine." A conclusão do meu comentário parecia muito dura, mas era o que se avizinhava: "Dilma na Presidência, com essa gravíssima fragilidade mental, será joguete na mão da petralhada sedenta por mais oito anos de butim."

Era a antevisão do predomínio da má forma de sua fala sobre o previsível conteúdo de seu governo.

Só no terceiro ano de seu primeiro mandato, a deformidade das ideias de Dilma passou a chamar a atenção de outras pessoas na rede. Começou por alguns blogs bem-humorados, como o do jornalista e radialista gaúcho Guilherme Macalossi, de Farroupilha, que criou a página Dilmês, no Facebook, reproduzindo as grandes gafes de Dilma. Enfim, o chocante idioma chegou à grande mídia. E em grande estilo: um editorial no *Estado de S. Paulo*, publicado em 21 de abril de 2013, com o título de "Dilmês castiço". Escreveu o editorialista:

> Já se tornou proverbial a dificuldade que a presidente Dilma Rousseff tem de concatenar ideias, vírgulas e concordâncias quando discursa de improviso. No entanto, diante da paralisia do Brasil e da desastrada condução da política econômica, o que antes causaria somente

---

[1] Para ver a declaração de Dilma Rousseff em São Paulo: <https://youtu.be/z2momYaQ5gc>

riso e seria perdoável agora começa a preocupar. O despreparo da presidente da República, que se manifesta com frases estabanadas e raciocínio tortuoso, indica tempos muito difíceis pela frente, pois é principalmente dela que se esperam a inteligência e a habilidade para enfrentar o atual momento do país. No mais recente atentado à lógica, à história e à língua pátria, ocorrido no último dia 16/4, Dilma comentava o que seu governo pretende fazer em relação à inflação e, lá pelas tantas, disparou: "E eu quero adentrar pela questão da inflação e dizer a vocês que a inflação foi uma conquista desses dez últimos anos do governo do presidente Lula e do meu governo."

Encampado, enfim, pela grande imprensa, o dilmês deixava de ser um dialeto só conhecido dos frequentadores da coluna de Augusto Nunes para se tornar um "idioma" oficial. O que não quer dizer que tenha se enquadrado nos cânones da boa língua.

No dia 24 de setembro de 2015, quase cinco anos depois do triunfo nas urnas da fábula de LuLa Fontaine, Dilma Rousseff embarcou para Nova York. Pela quarta vez, abriria a Assembleia Geral da ONU, prerrogativa de um dirigente brasileiro desde 1948. Na decolagem do helicóptero presidencial do Palácio do Planalto para o hangar do Aerodilma no aeroporto de Brasília, câmaras que documentavam a partida registraram um princípio de incêndio numa das turbinas da aeronave. As chamas se apagaram em segundos e o helicóptero decolou, sem problemas. Foi um fogo assustador, embora fugaz, visto à noite por todo o Brasil nos jornais da TV.

Já em Nova York, uma sorridente Dilma chegava a seu hotel quando os repórteres quiseram saber se o susto fora grande. Ela não sabia de nada: "No meu helicóptero? Não. Hoje?"

Parecia não saber mesmo — melhor para Dilma, poupada do risco. Mas essa negativa da presidente, embora tenha causado alguma perplexidade, já que o Brasil inteiro vira a labareda, fugia à regra: não havia nela, surpreendentemente, um elemento, um toque de dilmês. É que a resposta não continha maiores problemas de sintaxe, nenhum estranhamento. Mas, espere: nunca confie no dilmês, como o dilmês não confia no sujeito — como se verá ao longo destas páginas.

O fecho da resposta de Dilma, esse sim, é dilmês puro. Antes de entrar no hotel e sair da visão dos jornalistas, culminou sua microentrevista com uma frase de três palavras, sendo duas iguais, embora com sentidos semânticos totalmente diferentes, e uma vírgula entre elas: "Ninguém viu, viu?"

Um exemplo do espírito mais puro e castiço do dilmês que inspirou este livro.

1. Dilma fala: "Pra mim sê pré"

Trazida dos subterrâneos da gigantesca máquina de governo do *lulopetismo*, onde fizera fama pela rudeza e a sem-cerimônia com que tratava seus auxiliares, a presidenciável Dilma Vana Rousseff foi esculpida grosseiramente por Lula com o cinzel de sua aberrante popularidade. Na época, com o mesmo instrumento, Lula provavelmente teria conseguido consagrar à sua sucessão a improvável Weslian Roriz — a dona de casa que assumiu a candidatura do marido, Joaquim Roriz, quando ele ficou legalmente impossibilitado de concorrer ao governo do Distrito Federal. A sub-rogada Weslian é aquela que, num debate com os candidatos de Brasília, estabeleceu entre suas metas: "Eu quero defender toda aquela corrupção."

Palavras sem nexo, com a intenção de significar exatamente o oposto de seu sentido *lato*, também tinham ecoado meses antes em nível federal — aliás, global — pela boca da Weslian de Lula, Dilma Rousseff. Então ministra-chefe da Casa Civil, e já em plena pré-campanha, a mulher que era apresentada como o contraponto de Lula — ele, um dirigente sem estudo, instintivo, saído das massas; ela, uma intelectual com doutorado em Brasil — representou o Brasil no COP 15, Conferência das Nações Unidas sobre as Mudanças Climáticas, em Copenhague, marcando sua presença com uma declaração mais catastrófica que qualquer tragédia meteorológica, e que assim resumia nossa carta de princípios em relação à ecologia:[2] "O meio ambiente é, sem dúvida nenhuma, uma ameaça ao desenvolvimento sustentável, e isso significa que é uma ameaça pro futuro do nosso planeta e dos nossos países."

Se a corrupção de Weslian era digna de ser defendida, o meio ambiente de Dilma merecia a repulsa do planeta, por seu aspecto ameaçador. A não ser por risos frouxos, ninguém contestou a primeira, pois de Weslian não se esperava nada, já que sua "candidatura" sempre foi um escárnio. Já a patética censura de Dilma ao meio ambiente de início causou perplexidade — era certamente um ato falho que, no dia seguinte, o mais tardar, mereceria a devida errata dela ou da Casa Civil. Até hoje, seis anos depois, esses derrisórios 12 segundos circulam pela rede virtual sem nenhum reparo oficial — nessa condição, são hoje incluídos em toda e qualquer antologia que se faça das sandices do dilmês.

Ninguém percebeu, mas, naquele 14 de dezembro de 2009, dez meses antes da eleição que consagraria a primeira mulher na Presidência da República, o dilmês já revelava uma de suas facetas mais características — além de asneiras quase ofensivas, uma absoluta ausência de autocrítica.

Nos seis anos seguintes, Dilma Rousseff não só produziria e repetiria sistematicamente os mais estapafúrdios conceitos e raciocínios jamais formulados por uma figura pública no país como nunca, em tempo algum, em relação a termo algum, faria qualquer retratação ou reparação de alguma de suas frases sem nexo.

Essa dramática e fenomenal falta de autopercepção do recém--dito, apanágio do dilmês, culminou com a decisão da Secretaria de Comunicação Social da Presidência, ainda em 2010, de transcrever

---

[2] Para ver a declaração de Dilma acerca do meio ambiente como ameaça: <https://www.youtube.com/watch?v=xgY6WOd06TY>.

no Portal do Planalto todos os discursos e entrevistas de Dilma, na íntegra, sem alterar uma única vírgula — mantendo inclusive equívocos de nomes e números, eventual e timidamente reparados por uma corrigenda entre parênteses. O dilmês — ao vivo e no círculo palaciano — foi assimilado e absorvido quando tudo no país parecia dar certo graças ao pacote de bondades do *lulopetismo*.

Nesse cenário, as destrambelhadas falas da presidente eram, no máximo, sintomas desculpáveis da inadequação de uma supergerente, uma "doutora" habituada a círculos mais fechados e superiores, diante da súbita superexposição à mídia e ao contato com as ruas. Só no segundo mandato, quando ficara para trás o Brasil Maravilha vendido por meio de um linguajar de baixíssima extração mental e semântica, a verdadeira gênese do dilmês seria posta em xeque: Dilma não apenas não sabe como diz como não sabe o que diz — seja numa reunião do G20 em São Petersburgo, seja num encontro com bonequeiras no Vale do Jequitinhonha. Seus múltiplos, intransponíveis e incorrigíveis vícios de linguagem e o vazio absoluto de suas mensagens não se limitam às falas próprias.

Ao longo dos últimos seis anos, Dilma promoveu a deformação contumaz de ditos, aforismos e máximas populares, e exibiu uma incapacidade dramática de reproduzir frases célebres cunhadas por outros e consagradas através dos tempos e das mentes. Uma das mais famosas citações de Machado de Assis, "Preso por ter cão, preso por não ter cão", de *O alienista*, foi aliterada por ela como "Muitas vezes você é criticado por ter o cachorro e, outras vezes, por não ter o mesmo cachorro".

O mesmo ataque seria feito, reiteradamente, a frases intocáveis de Nelson Rodrigues.

Hoje, sob qualquer ponto de vista ou escola de pensamento que se escolha para a exegese, não há a menor dúvida de que o dilmês, em suas várias camadas léxicas, é simplesmente um reflexo do aparato intelectual, dramaticamente *in albis*, de Dilma Rousseff. Desde o instante em que Lula a esculpiu como sua sucessora e, num gesto à la Michelangelo, ordenou-lhe que falasse, essa conclusão não teria mais um ponto de retorno — ao contrário da pasta de dente de Dilma que, como ela sustentou ter dito ao presidente Obama na reunião do G20 em São Petersburgo, "voltou para dentro do dentifrício".[3]

Assumindo sua improvável candidatura a presidente sem escalas, do subsolo do governo Lula à superexposição mundial, a supergerente de lendária eficiência, que se comunicava apenas por interjeições, imprecações e pitos sumários, por certo acusou o choque quando pisou o primeiro palanque e enfrentou o primeiro microfone. Convidada a partir daí a revelar aos brasileiros sua visão dos problemas nacionais, o assombro que se viu e ouviu, na fala de Dilma Rousseff, está fartamente documentado nos arquivos da coluna de Augusto Nunes, no site de *Veja*. Fosse num palanque improvisado no sertão do Piauí ou no estúdio *high-tech* do Jornal Nacional no Jardim Botânico, Rio de Janeiro, a candidata de Lula se expressava em língua estranha, espécie de patoá brasileiro, incomum em pessoa de formação universitária, investida de funções dessa magnitude e apresentada ao país como a primeira possibilidade de uma presidente mulher.

A começar pela dificuldade extrema em fazer uma mera saudação aos presentes ou aos ouvintes. Ficou famoso, por exemplo, o "Oi, internautas" com que Dilma atendeu ao pedido de seu guru eletrônico para saudar os que assistiam on-line.[4] Ou a tentativa de relembrar e descrever o último livro que ela, leitora voraz, havia lido.[5]

Qualquer manifestação sua, sobre qualquer assunto, dos estritamente pessoais aos temas técnicos de apregoado domínio, esbarrava

---

[3] Para ver o discurso em que Dilma faz a pasta de dentes "voltar para dentro" de seu sinônimo dentifrício: <https://www.youtube.com/watch?v=6WVCZK0JDf0>.
[4] Para ver o memorável "Oi, internautas": <https://www.youtube.com/watch?v=l9mMlPbRwDg>.
[5] A leitura, como se vê neste vídeo, é mesmo o forte de Dilma Rousseff: <https://www.youtube.com/watch?v=X7IMpO0w2WY>.

em raciocínios embotados por graves problemas de concatenação de ideias, redundância e desinformação, conseguindo reunir, na mesma oração, um tratado de vícios de linguagem, sobretudo barbarismos, e uma profusão caudalosa de anacolutos. Números e contas — a suposta expertise de uma economista formada pela Unicamp — esbarravam em cálculos canhestros, desses de derrubar edifícios, como o também já lendário "quatro pra treze dá sete".[6]

O que choca em Dilma não é a oratória em si. Há pessoas preparadíssimas que não se expressam bem — preferíveis, por sinal, às que dão um show de palavreado para camuflar a falta de conteúdo. Mas o problema de Dilma sempre pareceu mais complexo. A forma primitiva da fala, da saudação à despedida, já traía na candidata o primarismo do pensamento e um despreparo generalizado. Ela não apenas falava mal — mas dava a nítida impressão de não saber do que falava, sobre virtualmente qualquer assunto.

Para quem se dispusesse a ouvi-la com um mínimo de atenção, a fala de Dilma, desde os primórdios de sua ascensão ao proscênio da política nacional, sempre foi um triste espetáculo de pensamentos rudimentares, expressos por uma sintaxe que desafiaria estudiosos da neurolinguística em aborígenes australianos. Na própria presidente, quando instada a se manifestar, é nítido o sofrimento pela necessidade de articular ideias em público. Ouça um discurso em que Dilma improvise. Gestos que normalmente acompanham o resgate de palavras em nosso arcabouço léxico se desenham no ar quase sempre silenciosos, desacompanhados da respectiva expressão verbal, soltos no vazio do pensamento. Sempre foi patente o esforço de Dilma, nunca bem-sucedido, de desenvolver uma ideia — os esgares produzidos por essa tentativa frustrada traem sua dificuldade de instrumentalizar o raciocínio com palavras.

---

[6] A matemática complexa é campo fértil para os cálculos tsunâmicos de Dilma: <https://www.youtube.com/watch?v=Y1lLJ29Jo9c>.

A entonação que vocaliza o dilmês também é característica em certos vocábulos-chave do discurso de Dilma, como o prolongado "nóoos" majestático com que inicia suas bravatas sobre os feitos do *lulopetismo* — um "nóoos" quase sempre seguido de uma agônica pausa, carente de enunciados por longos segundos. Posturas arrogantes, de empáfia autoritária, também costumam acompanhar o despejo do dilmês sobre palanques e diante de microfones.

No período da pré-candidatura, no qual seu chocante desempenho em entrevistas, discursos e debates já deveria tê-la inviabilizado para o mais alto posto da República, uma manifestação particular do dilmês se tornou espécie de ícone gráfico desse idioleto criado pela futura presidente — ou presidenta, como ela quer. Num post intitulado "Dilma, o eu e o mim", em 2 de dezembro de 2009, registro o espanto por ter ouvido a ministra-chefe da Casa Civil responder deste modo se já se considerava pré-candidata à Presidência: "Pra mim sê pré (...)." E então elencava as condições para tanto.

Independentemente da conclusão do raciocínio, esse prefácio da oração é composto por quatro monossílabos que, agrupados nessa sequência, quase formam um palíndromo — cada um deles contendo um erro essencial ou uma corruptela vulgar, pelo menos numa fala presidencial. A prosódia troncha, de mineira de fachada, ainda transformou o ser em "sê", o que dá à frase uma conotação sonora sincopada, meio mística, entre Guimarães Rosa e Graciliano, mas sem nenhum talento ou encanto. E, francamente, "para mim ser" ultrapassava as barreiras toleráveis da desarticulação linguística. Escrevi então, naquele longínquo 2009: "'Pra mim sê pré' seria o título, o mote e o resumo de uma longa tese de mestrado sobre o mais absoluto e chocante equívoco político da história de nossa República."

Na época, meu comentário soou cruel — e até recebi uma respeitosa e partidária réplica do professor Sírio Possenti, do Departamento de Linguística da Unicamp, especialista em análise do discurso, coonestando o "pra mim sê pré" como um pretenso coloquialismo. Naquele tempo longínquo, o dilmês despertava dois tipos de reação: a indiferença generalizada ou, mais raramente, a defesa acabrunhada. Adeptos do petismo chegaram a alegar que o dilmês era a linguagem de Dilma junto às plateias populares — atenuante que evidentemente não pode ser aplicado a uma reunião do G20 e à indigitada pasta de dente que volta para dentro do dentifrício. Com o passar dos meses, e o acúmulo de manifestações em dilmês, ficou absolutamente impossível ignorar ou justificar esse estranho idioma com que o Brasil passou a ser pensado e (des)governado.

2. A "bichinha palanqueira" e a "imensa capacidade" do dilmês — que controla até avião

Certo de que tinha feito uma escolha divina, Lula não media o entusiasmo ao avaliar as primeiras evoluções de sua porta-bandeira na campanha à sucessão presidencial. No final de 2009, escoltava-a em diversos eventos e, evidentemente imune à aberrante deficiência de linguagem de sua ministra-chefe da Casa Civil, a cada dia louvava seu imenso saber e seus dotes de gerentona que manteria o Brasil no caminho para o arco-íris.

Claro, nem mesmo Lula podia deixar de notar, aqui e ali, alguma dificuldade de Dilma em expressar suas ideias majestosas sobre o país — mas, certamente, aquilo era apenas falta de traquejo, que o tempo e a prática corrigiriam. E, em breve, Lula se sentiria à vontade, bem ao estilo Lula, para vibrar com o notável progresso de sua protegida no rodeio das palavras, assumindo inclusive aquela prosódia típica de político em campanha ao prometer mundos e fundos — mesmo sem fundos.

Em 20 de janeiro de 2010, enquanto fazia cara de pai de noiva ao ouvir um discurso indigente de Dilma na inauguração da nova sede do Sindicato dos Trabalhadores de Processamento de Dados e Tecnologia da Informação do Estado de São Paulo, Lula virou-se para o presidente do sindicato, Antônio Neto, e cochichou, em êxtase: "A bichinha está palanqueira. Palanqueira de primeira."

Caprichando na pose de professor de eleição, o padrinho estava decidido firmemente a acreditar na mentira que criara. E sua mentira então ultrapassava definitivamente as entranhas ocultas da administração pública para ganhar o mundo. Dilma tinha uma vasta agenda de pré-candidata — palcos, palanques, estúdios, microfones. De Belém a Copenhague, o dilmês castiço já poderia ser percebido por qualquer pessoa habituada aos diversos registros da sintaxe política, sobretudo jornalistas, como um ponto completamente fora da curva — uma desarticulação inusitada para alguém cujo trunfo era justamente ser a face mais bem elaborada do *popululismo*.

Pelo perfil oficial, Dilma era uma funcionária pública de altíssimo escalão, familiarizada com as mais diversas políticas de governo, que daria à plataforma do *lulopetismo* um lustro acadêmico, com o toque sensível e caprichoso da primeira mulher a chegar à Presidência. Uma doutora. Um mestrado e seu doutorado em economia na Unicamp eram sustentados publicamente — e acoplados a seu currículo, sem contestação. No programa Roda Viva, na TV Cultura, levado ao ar no dia 13 de dezembro de 2004 e então comandado por Paulo Markun, a ministra das Minas e Energia Dilma Rousseff foi introduzida à audiência qualificada da emissora como "economista com doutorado em teoria econômica". No meio da arena, a entrevistada não tremulou um músculo da face diante da leitura dessas credenciais.

Com sua autenticidade intacta, a contrafação foi aprimorada quando Dilma assumiu a Casa Civil e o site do órgão passou a informar que a ministra-chefe era "mestre em teoria econômica pela Universidade de Campinas e doutoranda em economia monetária e financeira pela mesma universidade". Ela só deixaria de ser mestre e doutora quando descobriram que não era. A revista *Piauí*, talvez já encafifada com a dificuldade da candidata doutora em lidar com números, mesmo os de um único dígito, teve a pachorra de fazer pesquisa no arquivo morto da universidade — e constatou que nem morta Dilma era doutora. Na verdade, chegara a se matricular no curso de doutorado, em 1998, mas o abandonaria em 2004, depois de pífia frequência em seis anos. O mestrado seguira o mesmo padrão: começou, não terminou. Mas, mesmo descoberta a inconsistência curricular, os dois títulos não foram imediatamente banidos de seu currículo oficial. No site da Casa Civil, passaria a constar que Dilma "cursou mestrado e doutorado pela Unicamp". Cursou — mas não terminou.

Hoje, à luz da popularização do dilmês, muitos questionam inclusive seu diploma básico em Economia — dada sua crescente dificuldade também com números. Naquela época, no entanto, nenhum questionamento burocrático envolvendo títulos e diplomas seria suficiente para atrapalhar o caminho fulgurante da ungida de Lula rumo à Presidência. Na verdade, o grande inimigo de Dilma não estava no papel — ou na falta de determinado papel —, mas no verbo.

Dilma foi direto, sem escalas, para o mais alto posto da nação. Como o personagem Zelig, do filme de Woody Allen, aquele idioleto desconjuntado passaria quase despercebido pelos anos seguintes nas mais variadas circunstâncias e conjunturas da vida nacional e até no exterior — embora fosse notável por sua inconveniência.

Bem antes da convenção que a sagraria candidata do PT à sucessão de Lula, em junho de 2010, a esfinge chamada Dilma Rousseff começara a se revelar. Seus discursos, mesmo presumivelmente ensaiados, eram um rito de agonia, e entrevistas sem script prévio sempre lhe foram uma cilada de altíssimo risco. Caía em todas. E não havia ninguém para assisti-la ou orientá-la na queda. Uma das primeiras sessões de tortura da pré-candidata com a grande mídia — em entrevista a Valdo Cruz, para a *Folha de S. Paulo*, em 20 de setembro de 2009 — expunha sem floreios a fragilidade intelectual de quem era preparada para comandar um país emergente, a oitava economia do mundo. Eis um pouco de Dilma Rousseff diante da possibilidade de prorrogar as glórias do *lulopetismo*:

A sra. poder continuar isso é uma honra?
É uma honra, é uma honra, sem sombra de dúvidas.
Candidata a presidente tem necessariamente de ser simpática e ter jogo de cintura?
De preferência, ser simpático e ter um jogo de cintura.
E não tendo essas características?
A pessoa sofre.
A sra. vai sofrer?
Eu não sei ainda. Mas a gente sempre sofre, não dá para achar que o mundo é um paraíso, que a gente vive em um mar de rosas.
A sra. se sente preparada para isso?
Eu não sei, porque essa, daqui para a frente, você não me pega em mais nenhuma, tá? Porque eu não vou entrar na sua, especulando sobre candidatura.
Mas a sra. já falou tanto sobre isso.
Não, não vou. Não. Agora encerramos essa conversa de candidatura. A gente retomará, oportunamente, se for o caso, em 2010. Eu todas as vezes falei do ponto de vista conceitual. Isso é um assunto para ser tratado depois das convenções dos partidos, do PT.
Mas a sra. não disse que é uma honra?
Para todos nós será. Para todos nós, da minha geração e dos que participam do governo Lula, é uma honra. Porque tem isso no governo Lula. A gente tem esse lado, considera uma coisa muito importante.

A sra. teve, na infância, esse desejo de um dia ser presidente?
Não, eu não tive não. Isso, eu acho que é mais de homem. Na minha época eu queria ser bailarina.
De bailarina a presidente da República.
Não, mas é bailarina. Menina queria ser bailarina, princesa, Cinderela. Quando menina, da minha geração, queria ser bailarina, a gente gostava muito de bailarina.
(...)
Fica mais forte para qualquer desafio pela frente?
Fica mais forte para enfrentar, porque as outras coisas não são tão desafiadoras como é a vida. A vida é mais desafiadora do que qualquer outra coisa. E tem de dar valor a isso, viver.

Numa página inteira do maior jornal do país, os prolegômenos do dilmês começavam a ser expostos à luz do dia. Os primeiros cacoetes de linguagem, como "sem sombras de dúvidas", "uma coisa muito importante"; as historietas frouxas e recorrentes, como a do projeto de bailarina, que mais tarde, em outras entrevistas, dividiria seus devaneios com a candidata a bombeira; a limitadíssima, quase primitiva, *filosofice* existencial: "A vida é mais desafiadora do que qualquer outra coisa. E tem de dar valor a isso, viver." Haveria outra coisa na vida além de viver?

E, nas entrelinhas, já assomava um traço da personalidade de Dilma Vana Rousseff que a acompanharia no progressivo desastre de sua jornada presidencial: a impaciência à beira do chilique. Na relação com a imprensa, essa característica de personalidade — elevada ao paroxismo de uma proverbial rudeza no trato pessoal com colaboradores de qualquer escalão — passaria a ser traduzida por um emblemático "meu querido" ou "minha querida", com o qual iniciava sistematicamente a resposta a perguntas que considerasse impertinentes ou inadequadas.

Sim, o dilmês, entre todos os seus pecados, incorpora uma inusitada arrogância vernacular — mais inchada que a de um lorde escocês de kilt esgrimindo um inglês shakespeariano.

Um dos moduladores semióticos do dilmês é uma espécie de empáfia condoreira. Já em suas primeiras manifestações, Dilma criou um Brasil Maravilha para ela e Lula chamarem de seu — um Brasil inaugurado no dia 1º de janeiro de 2003, quando Luiz Inácio da Silva tomou posse na Presidência. Sob a óptica lulista, mais tarde adotada pela pupila Dilma, entre 22 de abril de 1500 e aquela data o país fora um Zimbábue comandado por uma tropa de elite de exploradores cruéis, ultimamente liderados por um ogro impiedoso chamado Fernando Henrique Cardoso. Antes de Lula, só havia trevas.

O Brasil não tinha nada. Nem árvores de Natal. Em 24 de novembro de 2009, durante as eleições internas do PT em Brasília, ao falar do blecaute que atingira dezoito estados duas semanas antes, a presidenciável, especialista em energia, defendeu-se usando o ícone das árvores de Natal de rua para ressaltar a diferença luminosa entre o país antes de Lula e depois de Lula. E relatou mais uma fábula — sem corar:

> Cês lembram? Sabe aquela árvore de Natal que tem ali na Rodrigo de Freitas? Sabe aquela outra que tem ali no Parque do Ibirapuera? Sabe aquela outra árvore de Natal que tem ali no Rio Grande do Sul, na beira do Guaíba, ou em Natal ou em qualquer outro estado da Federação? A hipótese de você tê árvore de Natal em 2001 e 2002 era zero. Porque não tinha energia. Hoje nós temos árvore de Natal e nenhuma empresa internacional fala "não vou pro Brasil porque não tem energia."

No Brasil de FHC, Papai Noel deixava presentes debaixo de uma ponte escura — porque não havia pinheiros, nem energia elétrica. Nesse país das trevas, além de árvore de Natal, tampouco havia meio-termo: só milhões de miseráveis e um punhado de milionários.

Já os melhores momentos de Dilma são sempre ruins, quando não os piores. Em 7 de agosto de 2010, dois meses antes das eleições presidenciais, ela fez uma grave revelação — nos 503 anos que antecederam o reinado *lulopetista*, as casas dos brasileiros nunca saíram do papel, como se lia na minha crônica publicada no dia seguinte:

> Quase tudo o que se lê atribuído à Dilma, quando transcrito literalmente, parece trote, pegadinha, erro de transcrição — porque decididamente não é possível que uma pessoa que tenha curso superior, só não é doutora por um triz e chegou à Presidência da República do país que é a "oitava economia do mundo" se expresse desse jeito (...). Numa entrevista concedida às rádios Grande Rio AM (Petrolina/PE) e Juazeiro AM (Juazeiro/BA) semana passada, afirmou, sem meias palavras:
> — O povo brasileiro não tinha nem casinha. O povo brasileiro tinha o quê? Morava em casas de papel, em palafitas.
> Repare: ela não fala em casas de papelão, que eventualmente devem existir até a 20 quilômetros do Palácio do Planalto, mas de papel — sulfite, almaço, embrulho, jornal.
> Que tal mudar de assunto? Além de casa, a população nordestina precisa de água — não no papel, mas nos canos.
> — Bom, se for água para a população rural, ela terá acesso pelo nosso projeto de 750 mil cisternas, privilegiando aqui a região do semiárido, ela vai ter acesso a esse programa, que nós queremos fazer em dois anos. Aquela música que a gente escutava ou aquela... uma espécie de tema muito recorrente, que "o sertão vai virar mar". Eu

não digo que vai virar mar porque a água não é salgada, mas que o sertão vai ter acesso à água que não tinha, vai ter.

E a transposição do velho Chico, presidenta, sai ou não sai?

— Aí você conclui mais outro, porque a conclusão não vão ser todas num momento só. Uns vão concluir primeiro, outros vão concluir num segundo momento e outros num terceiro momento.

Não deu para entender?

— O que nós vamos garantir sempre é que, a cada fase que nós façamos, nós concluamos e coloquemos água à disposição. O que é muito importante...

Resolvido para sempre o problema da água doméstica no nordeste, uma palavrinha sobre a nova política de irrigação:

— Essa política, eu pretendo que nós tenhamos condições de lançá-la no final de agosto ou no início de setembro, até metade de setembro nós lançaremos — pode ser um pouco antes, mas não vai ser um pouco depois.

E a protoantropóloga que convivia na futura presidente também já ensaiava manifestações sempre fulgurantes sobre a festiva alma brasileira. Em Belém, em 12 de outubro de 2009, dia de Nossa Senhora, depois de acompanhar a mais famosa procissão brasileira, o Círio de Nazaré: "Acho que tem que ter muito orgulho dessa festa, que permite que o Círio também seja uma boa imagem do Brasil, um país de paz, que tem essa imensa capacidade de comemorar no sentido amplo da palavra."

No futuro dicionário dos clichês em dilmês, a expressão "imensa capacidade" terá um espaço exponencial — e será a antítese perfeita de sua atuação como presidente. Mas, durante a campanha e ao longo de seus primeiros quatro anos como presidente, a mídia também embarcaria no mito da "imensa capacidade" de Dilma Rousseff. Ela fazia e desfazia. Segundo a *Folha* — que mudaria de ideia ao fim do seu primeiro mandato —, Dilma era uma comandante tão exímia dos destinos do país que até pilotava, pelo menos em pensamento, o Airbus da Presidência que a conduzia pelo mundo. É o que dizia a crônica que assinei em 27 de maio de 2014:

> Quando viaja em seu avião oficial, um Airbus 319 CJ, comandado pelo brigadeiro Joseli Parente Camelo, a presidente proíbe terminantemente turbulências na rota. Para garantir que a determinação seja cumprida à risca e o piloto não tente engambelá-la, atribuindo solavancos a incontornáveis intempéries de percurso, ela adicionou mais uma expertise à sua longa lista de competências técnicas: embora ainda leve um baile das chuvas que todo verão castigam a região serrana do Rio, aprendeu a interpretar cartas meteorológicas aeronáuticas altamente complexas. Com os dados em mãos, altera rotas oficiais, refaz planos de voo, alonga viagens — aliás, não está nem aí para o consumo de combustível. Tudo porque ela detesta avião que balança —, mas não cai. Dilma revogou a lendária expressão céu de brigadeiro. O céu dela é sempre melhor.
>
> A lenda da supergerente sem cabeça, que continua a ser alardeada com medo e reverência por seus áulicos e por boa parte da mídia, ganhou neste domingo, na página A8 da *Folha* ("Dilma invade a cabine do piloto e vira corneteira dos voos oficiais"), seu lance mais surreal: é Dilma quem pilota o Airbus da Presidência — sem encostar no manche de comando, só com broncas e interpelações. A se acreditar na matéria, Dilma se tornou uma controladora de tráfego aéreo mais eficiente que os engenheiros da Nasa em Houston que conseguiram trazer de volta à terra a errante Apolo 13. Ela inventou um jeito de evitar as inevitáveis turbulências aéreas: é só voar do jeito que ela quer.
>
> A matéria da *Folha* ocupa apenas um quarto inferior de página, mas, por seu inacreditável viés de mistificação, é um retrato aberrante deste governo — ao mesmo tempo absurdo e prepotente.
>
> Na matéria da jornalista Natuza Nery, o Airbus 319 que foi a Roma lotado de aspones, para a posse do papa Francisco, e voou batendo lata para a Etiópia, esta semana, quase se transforma num

cenário do Zorra Total. "Ela detesta quando o avião presidencial sacode em pleno ar", escreve a jornalista, num simulacro do idioma da personagem, sem explicar se seria possível o Airbus sacudir em pleno chão. Se foi por medo de avião que Belchior pegou pela primeira vez na sua mão, o medo da turbulência faz Dilma pegar no pé do pobre brigadeiro Joseli, que nesses momentos preferiria estar bombardeando Pearl Harbor a bordo de um caça Zero.

Essa fábula da superpiloto de controle remoto comprada pela *Folha* coloca Dilma analisando complicadíssimas cartas meteorológicas para alterar o plano de voo do avião presidencial se detectar que o Aerobus vai enfrentar turbulência. Claro, ela conhece os 39 tipos de *cumulus nimbus* —*pileus*, *velum*, *incus* etc. — melhor do que conhece seus 39 ministros. O brigadeiro Joseli já sabe que não deve duvidar nunca dessa expertise da patroa. Ou ela irá, lá na frente, verificar se as alterações de rota foram acatadas. Para isso, segundo a matéria, "fez questão de aprender a ler os enigmáticos dados do painel da cabine do piloto". Quando sente que o chão parece faltar sob o Airbus a 30 mil pés de altura, costuma perguntar ao oficial, no tom que fez Sergio Gabrieli chorar: "Joseli, por que o avião está sacudindo? Que curva é essa?"

Se o avião estiver balançando muito, ela permanece em seu lugar, com os cintos atados, que não é doida: nessas situações, segundo a *Folha*, Dilma interpela o oficial quatro estrelas por um botão ao lado da poltrona. "Quando o Airbus sacode, é fatal", diz a repórter, sem perceber o perigo de associar a palavra "fatal" a um avião que sacode. Ela se referia a Dilma, a *femme fatale* a bordo. "A campainha toca. E, dependendo da trepidação, toca com muito vigor."

Ou seja: balançou, lá vem bronca. Segundo a matéria, o brigadeiro faz sempre o que a presidente manda, até mesmo uma viagem em zigue-zague de Brasília a Porto Alegre, "para fugir do agito", queimando querosene, é claro. Certa vez, relata a *Folha*, o desvio foi tão grande que o Aerodilma fez a curva em Mato Grosso antes de aterrissar em Brasília, por causa das nuvens carregadas e da ameaça de balanço.

Outro dia, dois pilotos da TAM foram demitidos por justa causa ao permitirem que o cantor Latino se sentasse à cadeira do comandante, durante o voo, para fazer uma foto. A matéria de domingo da *Folha* revela que Dilma chega a mudar o plano de voo do avião presidencial quando poderia, quem sabe, tomar um Engov.

Não é o *cumulus*?

A verdade é que, nesse céu antibrigadeiro, o país pilotado pelo manche desgovernado do dilmês já atravessava nuvens negras, a um passo do desastre.

3. A sapiência da *Mulher sapiens* foi chacoalhada pela caxirola

E assim se passaram seis anos, durante os quais o Brasil foi presidido em "língua estranha" — similar à acepção bíblica do termo, ou seja, a do idioma desconhecido que o pastor, possuído, passa a bradar, com o objetivo de anunciar a boa-nova evangélica. Durante esse período, Dilma Rousseff não se beneficiou de uma das propriedades do ser humano: aprimorar-se pela repetição. As tentativas frustradas de formular uma "brasiliana" na época em que era apresentada como candidata de Lula continuavam esbarrando numa crescente e mais constrangedora dificuldade de raciocínio e articulação vernacular. O resultado? Elucubrações e construções verbais — sobre qualquer assunto que fosse objeto de sua consideração — a cada dia mais bisonhas e primárias.

No primeiro semestre de 2015, o dilmês ultrapassou o círculo de uns poucos filólogos amadores e excêntricos, que, preocupados com um Brasil dirigido com esse grau de insuficiência de raciocínio, há algum tempo se dedicavam ao registro assustado do novo idioma, e também foi além do pequeno clã de bem-humorados blogueiros anti-Dilma. O dilmês, enfim, adentrou o grande universo viralizado dos *memes*. Para isso, porém, precisou de duas aberrações.

Em 23 de junho de 2015, na abertura dos Jogos Mundiais dos Povos Indígenas, o dilmês experimentou um de seus piores/melhores momentos — arrasando instantaneamente na rede. Naquele dia, no estádio Mané Garrincha, em Brasília, Dilma estava mais inspirada do que nunca — no sentido da inspiração que caracteriza a retórica bizarra da presidente. Uma cerimônia que envolvia povos e costumes indígenas certamente libertaria a socióloga de araque que busca seu nicho de sabedoria na mente viajante da presidente. Dito e feito. Ou mal dito e mal feito. A *scholar* que substituiu um presidente sem curso primário completo não resistiu à tentação de elaborar sobre a antropologia tupiniquim daquele evento. Era a hora e a vez de Claude Lévi-Rousseff e seu devaneio *antropofrágil*.

Pela primeira vez, vai aqui a letra completa do hit instantâneo "Saudação da Mandioca", de Dilma Rousseff — que viraria até remix:

> Eu acredito que é necessário que nós tenhamos muito orgulho da formação histórica deste país, para além do fato que cada povo indígena representa uma cultura especial, nós temos de ter um imenso orgulho de, na composição da nação brasileira, nós sermos uma mistura de várias etnias. E aqui, hoje, nós estamos saudando uma delas: nós estamos saudando a etnia indígena, que trouxe para nós não só — como disse aqui, muito bem, a nossa vice-governadora, representando o governador — o sabor dos nomes que estão em todas as nossas cidades, de fato, mas também eu queria saudar, porque nenhuma civilização nasceu sem ter acesso a uma forma básica de alimentação. E aqui nós temos uma, como também os índios e os indígenas americanos têm a deles, nós temos a mandioca. E aqui nós tamos comungando a mandioca com o milho. E, certamente, nós teremos uma série de outros produtos que foram essenciais para o desenvolvimento de toda a civilização humana ao longo dos séculos. Então, aqui, hoje, eu tô saudando a mandioca. Acho uma das maiores conquistas do Brasil.

Nelson Rodrigues — outra vítima preferencial do dilmês, como se verá adiante — talvez classificasse a "saudação à mandioca" como patuscada inverossímil da cabeça aos sapatos, ou às sandálias. A plateia presente, amestradíssima, endossou a maluquice com risos e aplausos. Mas a nobre mandioca era só o começo de uma viagem delirante pelo universo baldio do dilmês. Com um estranho objeto toscamente esférico na mão esquerda — que mais tarde se descobriria ser uma bola de folha de bananeira fabricada por indígenas que dirigem SUVs —, a presidente tentava explicar que diabo era aquilo:[7]

> Eu tenho certeza, e aqui eu queria mostrar o que é a nossa relação antiga com o esporte. Aqui tem uma bola que eu passei o tempo inteiro testando. É uma bola que é uma bola que o Terena me presenteou e que eu vou levar — e ela vai durar o tempo que for necessário —, e ela vem de longe, ela vem da Nova Zelândia. E é uma bola que eu acho que é um exemplo, ela é extremamente leve. Eu já testei e ela quica. Eu testei, eu fiz assim uma embaixadinha, minto, uma meia embaixadinha. Bom, mas eu acho que a importância da bola é justamente essa, o símbolo da capacidade que nos distingue como... nós somos do gênero humano, da espécie *sapiens*. Somos aqueles que têm a capacidade de jogar, de brincar. Porque jogar é isso aqui: o importante não é ganhar e sim celebrar. Isso que é a capacidade humana, lúdica, de ter uma atividade cujo o fim é ele mesmo, a própria atividade. Então, o esporte tem essa condição, essa bênção. Ele é um fim em si e daí porque não é ganhar, é celebrar, é participar dos jogos indígenas. É participar celebrando o que significa essa atividade que caracteriza primeiro as crianças. Atividade lúdica de brincar, atividade lúdica de ser capaz de jogar. Então, para mim essa bola é um símbolo da nossa evolução. Quando nós criamos uma bola dessas, nós nos transformamos em *Homo sapiens* ou *mulheres sapiens*.

---

[7] Para ver alguns momentos memoráveis do discurso em que Dilma Rousseff saudou a mandioca e criou as *Mulheres sapiens*: <https://www.youtube.com/watch?v=lEUiE0ymxmI>.

Flexão de gênero que jamais seria reivindicada pela mais feminista das companheiras do *Homo sapiens*, caso ele as tivesse, a *Mulher sapiens* de Dilma foi, sem dúvida, uma das mais estarrecedoras criações da (pré-)história do dilmês. A autodenominada presidenta — forma gramaticalmente aceita, mas esdrúxula, e hoje só adotada por seus recalcitrantes apoiadores — desta vez roçava o patético com essa sua fixação pela flexão de gênero, uma espécie de estágio *Australopithecus* do pensamento humano. Petralhas ainda fiéis, diante da troça generalizada em torno da *Mulher sapiens* de Dilma, chegaram a sustentar que ela brincava com as palavras. Mas quem conhece os princípios do dilmês sabe que palavras nessa língua estranha nunca estão para brincadeira — na verdade, pretendem significar o que raramente significam. E isso é trágico, sobretudo para alguém responsável pelos destinos da nação.

Quem se dirige à plateia de um encontro com a juventude petista como "jovens homens e jovens mulheres" é bem capaz de introduzir na história as *mulheres sapiens*, na certeza de que o tal *Homo*, sozinho, machão que só ele, não representa a primeira mulher presidente do Brasil. Dilma é bem capaz de um dia corrigir o célebre artigo 5º da Declaração Universal dos Direitos do Homem, que, por ela, ficaria assim: "Todos e todas são iguais perante a lei."

Mesmo diante dessa cretinice fundamental — Nelson assim reagiria —, quem haveria de supor que, um belo dia, o veterano *Homo sapiens*, apesar de ser o decano de todos os homens, teria questionada sua ancestralidade dominante por presumíveis 130 mil anos? Nesse período, ninguém ousou contestar o status "comum de dois" do *Homo sapiens* — homens e mulheres demográfica e democraticamente incluídos nessa que é a única espécie animal de primata bípede do gênero *Homo* ainda viva. Mas um *dilmologista* de primeira hora bem que poderia predizer, já nas primeiras manifestações arqueológicas do dilmês de gênero, que isso era só uma questão de tempo, no (o)caso de Dilma. O que seriam seis anos para quem nascera há 130 mil?

Quando Dilma Rousseff não era sequer pré-candidata, "alertei-a" para a hipótese absurda (no caso dela, bastante provável) de que viesse a invocar a *Mulher sapiens*, já que obcecada por "questões de gênero". A advertência fazia ainda mais sentido após um estupefaciente discurso da ministra-chefe na inauguração do hospital Heloneida Studart, na Baixada Fluminense. Era o Dia Internacional da Mulher, e Dilma se sentia na obrigação de homenagear a personagem do dia — da mesma forma que, anos mais tarde, na Assembleia Legislativa de Porto Alegre, durante sessão em homenagem ao Dia da Criança, saudaria a figura oculta do cachorro que segue atrás de cada infante.

Depois do "alerta" a Dilma em relação à não existência de uma *Mulher sapiens*, vinha a *insapiência* de Dilma em relação à mulher, *lato sensu* — como escrevi naquele 8 de março de 2010:

> Ungida como pré-candidata e subindo nas pesquisas, Dilma Rousseff parece ter desfeito as últimas conexões que uniam seu pensamento primário a um resquício de linguagem humana articulada e compreensível — pelo menos a linguagem do *Homo sapiens* (um aviso a Dilma: mesmo no Dia Internacional da Mulher, *Homo sapiens* vale para os dois gêneros. Não tente inventar uma saudação à *Mulher sapiens*, da mesma forma que "aos brasileiros e às brasileiras" ou "aos trabalhadores e às trabalhadoras").

E não é que, cinco anos depois, ela enfim desenterrou mesmo a *Mulher sapiens*?

Nesse discurso, inúmeras passagens, de tão enfermas em sua sintaxe, mereceriam ser levadas de maca, cercadas por toda a equipe de enfermagem do semi-inaugurado hospital, para a UTI especializada na Síndrome da Deficiência da Inteligência Humana. Esta, porém, se encontrava em estado terminal:

> O fato da gente ser mulher não prejudica as nossas decisões. Nós somos muito capazes de tomar decisão (...). As mulheres são sensíveis, isso é uma grande qualidade. Ter sensibilidade, ficá (sic) atenta à vida das pessoas, sensatas e práticas, além de sensíveis. E isso, além de ser uma qualidade, é algo indispensável. A gente não faz facilmente besteira (...). Além disso, nós somos fortes. A gente aguenta a dor. A gente aguenta o sacrifício. Nós não fugimos da luta. Nós somos corajosas.

Da extraordinária descrição da condição feminina por Dilma Rousseff, destacava-se esta joia do dilmês sem quilate: "A gente não faz facilmente besteira."

Nos anos seguintes, a *Mulher sapiens* do Palácio do Planalto provaria que isso é verdade: faria muito esforço para errar quase sempre.

Mandioca, folhas de bananeira — uma das especialidades do dilmês é discorrer sobre falsos ícones da nacionalidade, sempre com uma falta de noção e de medida que flerta perigosamente com o grotesco.

Na Copa de 2014, além da goleada impiedosa da Alemanha, corremos o sério risco de passar vergonha também nas arquibancadas. O sonho de Dilma era ver milhares de marmanjos sacudindo um desconjuntado artefato de plástico enquanto celebravam um gol do Brasil. Era a versão brasileira, mais acústica do que sonora, da insuportável vuvuzela da Copa da África do Sul — que até agora ressoa mal em nossos ouvidos.

O projeto de instrumento musical a ser empunhado pela torcida canarinho que faria a trilha da Copa das Copas — como sonhava Dilma — foi encomendado a Carlinhos Brown, já àquela altura, 2013, assíduo frequentador do Palácio do Planalto. Tinha verba pública na jogada. O resultado foi a caxirola — objeto de uma crônica que escrevi em 24 de abril por ocasião de sua cômica pré-estreia em pleno palácio:[8]

O Portal do Planalto, fornecedor oficial da coluna, anunciou agora à tarde, sem aviso prévio na agenda presidencial do dia, um novo e promissor item: "Discurso da Presidenta da República, Dilma Rousseff, na abertura da exposição 'O Olhar que Ouve', de Carlinhos Brown — Brasília/DF".

"Olhar que ouve", Dilma Rousseff, Carlinhos Brown? Elementos que naturalmente convidam a uma excursão aos domínios do dilmês oficial, o dilmês de palácio. É no Palácio do Planalto, glória da arquitetura brasileira, que Carlinhos Brown expõe a partir de hoje sua mostra de pinturas intitulada "O olhar que ouve". Niemeyer se fez de morto para não saber disso. O tal "olhar ouvinte", se pudesse, se faria de surdo, porque lá vem Dilma: "Eu queria começar comprimentando (sic) o Carlinhos Brown. E eu estava dizendo para ele que as pessoas que têm talento, como ele tem, acham normal ter talento. E acham normal inventar a caxirola."

Caxirola? Voltando ao início do discurso da Dilma, há algo a ser dito: o mundo tem 7 bilhões de habitantes. É provável que 6.999.999.000 não achem normal inventar alguma coisa que não tenham a menor ideia do que seja, como a caxirola.

Aliás, o que vem a ser a caxirola? Carlinhos Brown criou a caxirola para ser, nos estádios da Copa de 2014, o que foi a vuvuzela na África do Sul. Este, um instrumento de sopro, terrível para os tímpanos, mesmo pela TV. Já a caxirola, de percussão bem discreta, pelo menos quando sozinha. Mas a impressão de Dilma sobre a caxirola foi tonitruante: "Nós, a mim me provoca, na minha ausência de talento musical, provoca uma surpresa que eu acho que todos aqui compartilham. A surpresa diante de uma coisa tão bonita, tão simples, tão sintética e tão representativa do Brasil."

---

[8] Para ver o discurso de Dilma Rousseff na abertura da exposição "O olhar que ouve", de Carlinhos Brown: <https://youtu.be/NV8nvFvTvyQ>.

Dilma, confessadamente, surpreendendo a todos pela inédita modéstia, tem "ausência" de talento musical — a par de suas múltiplas ausências. Mas, embora tão simples para ela, a caxirola pareceu-lhe realmente mágica: Carlinhos Brown criou um surpreendente instrumento, representação da alma musical brasileira — inclusive nas cores, tão criativas para uma Copa do Mundo no Brasil: verde e amarelo.

Mas espere: Carlinhos, no vídeo, começa a sacudir a caxirola, Dilma e Marta ensaiam agitar desajeitadamente a caxirola e... surpresa de verdade: ela soa como um chocalho. Talvez porque seja um chocalho. Um prosaico chocalho em forma de sino. Carlinhos Brown reinventou o chocalho. Um chocalho com status de Copa do Mundo. Imagine 100 mil caxirolas, em uníssono, nas arquibancadas: perto disso, a vuvuzela soava como uma serenata de Mozart.

Mas espere de novo: no texto do Planalto que acompanha a notícia da cerimônia, o redator descreve a pretensa vuvuzela da Copa de 2014 como "um tipo de chocalho inspirado no caxixi". Caxixi? Segundo o Wikipedia, "um pequeno cesto de palha trançada, em forma de campânula, contendo pedaços de acrílico ou sementes, para fazê-lo soar. No Brasil, é usado principalmente como complemento do berimbau".

Agora ligou o nome à figura? Você já viu um tocador de berimbau segurar esse instrumento com a mesma mão que empunha a vareta, de modo que cada pancada da vareta sobre a corda seja acompanhada pelo som seco e vegetal do caxixi? Então você já viu e ouviu a caxirola bem antes da Copa: sim, era o caxixi. Carlinhos Brown não apenas reinventou o chocalho como copiou o caxixi. E, num laivo de criatividade, pintou-o de verde e amarelo, rebatizando-o de caxirola — já marcando um golaço na estreia oficial, no Palácio do Planalto: ver Marta Suplicy sacudindo sem graça duas caxirolas e cantando o Hino Nacional enquanto Carlinhos Brown "caxirola" a bandeira brasileira não tem preço. Mas Dilma parece nunca ter ouvido um caxixi ou mesmo um chocalho antes. Continua tão impressionada com o novo símbolo sonoro da Copa que não acreditou em Carlinhos quando ele lhe disse, antes da cerimônia, que era normal fazer uma caxirola. Normalíssimo: era só fazer um chocalho em forma de caxixi.

"O Carlinhos é um autor e um grande artista. E ele expressa um mundo diverso, mas muito específico, do Brasil, e especialmente da Bahia. A pluralidade, o fato de que esse mundo tem milhões de aspectos. E agora o Carlinhos, nessa sua quase ingênua aceitação de que 'ah, não, é muito fácil fazer uma caxirola', nos encanta porque ele combina aí a imagem, essa imagem lá, verde e amarela da caxirola, esse fato que nós estamos falando de um plástico verde, de um país que tem a liderança da sustentabilidade no mundo e ao mesmo tempo é um objeto capaz de fazer duas coisas: de combinar a imagem com som e nos levar a gols."

Em vez de levar a gols, levamos gols — e sem caxirola, menos mal.

Mas a empolgação de Dilma não tinha limites na tarde desocupada daquele 24 de abril de 2013. A caxirola era muito mais do que um chocalho-caxixi tingido de verde e amarelo para Carlinhos levantar uma verba do Ministério da Cultura ou dos Esportes. Era um verdadeiro milagre de dimensão universal e celestial. Segundo Dilma:

> Eu tenho certeza que principalmente as crianças desse país vão ter uma experiência muito fantástica com a caxirola. O Carlinhos não disse, mas ele me falou que a caxirola também tem um sentido transcendental de cura, de enfim, de paz com o mundo, de estar de fato em sintonia com a natureza e com todos os orixás.

Era possível imaginar babás chacoalhando a caxirola diante de crianças indóceis. Ou médicos do Sírio-Libanês vibrando a caxirola diante dos leitos dos seus doentes. E pais de santo jogando minicaxirolas em vez de búzios. A coisa realmente chacoalhou Dilma: "Eu acredito que a caxirola faz parte não só do futebol, mas da imensa capacidade do nosso país de fazer um instrumento muito mais bonito que a vuvuzela."

Olha a "imensa capacidade" aí, gente. Mas nem o entusiasmo de Dilma nem a *avant-première* palaciana bastaram para a caxirola ser convocada e brilhar na Copa. As autoridades de segurança do evento proibiram a geringonça nos estádios do torneio, pela "imensa capacidade" potencial de ser transformada em instrumento mais perigoso que sua descrição em dilmês. Como bem observou na época o jornalista Reinaldo Azevedo, a caxirola interditada parecia uma mistura de granada com soco-inglês. Não podia dar certo. Mesmo porque, na Copa de 2010, o dilmês já chacoalhava o Brasil, sem que o país percebesse o estrago.

4. A única mulher que hesitou entre o balé e o Corpo de Bombeiros — e se tornou presidente

Pela repetição sistemática em qualquer cenário, seja na inauguração de um hospital público na Baixada Fluminense ou numa reunião da cúpula mundial na Dinamarca, já não soava como gafe ou ato falho. Seria aquele festival de distúrbios de linguagem fruto do nervosismo pela súbita superexposição pública? Também não: seis anos na Presidência já teriam reduzido o assombro hoje provocado pelo dilmês.

Eventuais escorregadelas na forma e no conteúdo da fala humana são comuns no processo de comunicação entre pessoas, em qualquer nível. Umas se expressam melhor do que outras, simples assim. Mas alguns meses de exposição diuturna ao dilmês logo me permitiram concluir que aquela língua estranha falada pela presidenciável Dilma tinha método, tinha regras. Tinha até estilo — que, para um iniciado, podia ser facilmente reconhecido a partir de outro planeta. No discurso citado no capítulo anterior, no qual ela confessa ter feito embaixadinhas com uma bola não muito esférica de folhas de bananeira — o que deve tê-la indisposto com a turma do Itamaraty —, há inúmeras marcas registradas do dilmês. Se fosse preciso escolher uma, ei-la: "É uma bola que é uma bola."

É dilmês em estado bruto, uma espécie de moto-perpétuo da pobreza de pensamento.

O dilmês sempre endossou, de maneira radical, uma velha queixa de Ferreira Gullar. Diante de construções redundantes do tipo "O Brasil ele é...", o poeta lamentou um dia: "Ninguém mais confia no sujeito." Agora, Gullar não confia em Dilma, incapaz de anunciar qualquer sujeito da oração — qualquer: o Brasil, Lula, a Petrobras, o projeto, o PAC, o gasoduto — sem colar um "ele" ou "ela". "Essa inauguração ela é importante." O maior problema é que, no dilmês, o desmerecimento ininterrupto do sujeito se estende também aos outros elementos da frase — predicados, objetos, complementos.

O dilmês é um dialeto impiedoso, no sentido de que deturpa diuturnamente — e noturnamente também, como gosta de dizer Dilma — o modo como as palavras devem se harmonizar na linguagem de modalidade culta. Como se a fala tivesse sido cuidadosamente roteirizada para um quadro de humor, não é raro que o dilmês combine na mesma oração todos os vícios de linguagem já catalogados pelos gramáticos, incluindo nomes feios, como anfibologias — ou ambiguidades.

Dilma só não incide em dois vícios: estrangeirismos, por não dominar outra língua, e neologismos, por se mostrar incapaz de inventar palavras que façam sentido, como o famoso "imexível" do ministro Magri.

Aliás, o dilmês tem outra característica: parece estar errado até quando eventualmente está certo. Em 5 de janeiro de 2009, na véspera de sua partida para Copenhague — aquela viagem na qual denunciaria o meio ambiente como ameaça ao planeta —, ela afirmou, sem dizer quase nada: "Pode ser que no dia 14 nós não vamos apresentar o número de metas diretamente, nós vamos apresentar as medidas. Até porque os números têm que ser credíveis."

Muita gente achou graça no "credíveis". Críveis, nesse caso, seria melhor — mas, vamos com calma, esse termo existe, está dicionarizado, apesar de parecer errado. Nesse caso, Dilma não errou — provavelmente porque optou pelo termo errado, que por sinal estava certo. Resumindo: acertou porque errou.

E a declaração sobre os números credíveis dá margem a outra observação: seria essa a origem histórica das tais metas que não existem e são dobradas assim que atingidas?

O fato é que, com meta ou sem meta, Dilma partiu para a Dinamarca ciosa de seus deveres como ambientalista de carteirinha. Estudara profundamente o tema que mobiliza o mundo:

> O Brasil está disposto a fazer o maior esforço possível para que essa reunião em Copenhague seja bem-sucedida, mas ele vai fazer a parte dele. Ele vai fazer por si mesmo algumas propostas que são para o Brasil cumprir. São mais uma oferta e um objetivo que o Brasil vai colocar para si.

Foi bom saber que o Brasil faria a parte dele — não a de outrem. Nisso, Dilma foi clara. Mas, quando teve a palavra, no COP 15, deu no que deu. Para ela, palavras são sempre uma ameaça, assim como o meio ambiente. De resto, tem uma "imensa capacidade" de alterar expressões banais e consagradas que, como se diz no jargão das redações, "vão sozinhas para a gráfica".

Numa cerimônia de entrega de unidades do Minha Casa, Minha Vida em Juazeiro, já em seu segundo mandato, Dilma exortou o governador da Bahia e o prefeito da cidade a "botar" uma árvore.

Pouco depois, em Campina Grande, Paraíba, também para entrega de chaves da casa própria, admitiu que seu governo teria dificuldade de "suar a camiseta" para entregar os 3 milhões de unidades prometidas para 2015. Sempre que critica a empáfia — dos outros, é claro —, ela diz que não se pode subir "de" salto alto, talvez querendo condenar quem sobe "no" salto alto.

Mas, afinal, se a falência lexical de Dilma ao discorrer sobre qualquer item da pauta de governo indica um despreparo generalizado para a função, teria ela alguma área de domínio fora da Presidência? Sim, porque todos têm uma área de domínio, mesmo os que nunca tiveram educação formal. Por exemplo: ela teria boa fluência para relatar pelo menos sua própria biografia? O dilmês já demonstrou cabalmente que não.

Sempre que fala de si mesma, Dilma complica ainda mais o enigma que cerca sua inacreditável ascensão à Presidência. Não é de estranhar que isso aconteça: o dilmês em primeira pessoa é Dilma em sua essência mais pura, sem filtros. Falar de si exige um discurso interior que não pode ser pesquisado previamente em nenhuma outra fonte que não seu próprio acervo de vivências e dons narrativos.

Na nossa história republicana, há inúmeros casos de indivíduos sem nenhuma experiência política ou administrativa que chegaram à disputa eleitoral a bordo de crônicas pessoais riquíssimas. Mesmo Lula, que não tem primário completo e se expressa muito bem, sempre foi capaz de entreter uma plateia, chegando a levá-la às lágrimas ao descrever, por exemplo, sua jornada de Garanhuns a São Paulo num pau de arara. Um pouco de boa vontade e Graciliano Ramos pode ser sentido ali, num linguajar menos literário, mas igualmente muito rico. Dilma, de novo, é exceção.

Ela tem história — por sinal, seus anos na luta armada contra a ditadura militar, embora parcialmente clandestinos, talvez sejam os mais legítimos e luminosos de sua biografia. O que não tem é um mínimo de repertório verbal e racional para contribuir com sua própria biografia a partir de suas parcas lembranças — ao contrário, relatos em dilmês sobre sua infância e juventude só a empobrecem mais ainda, encorpando o folclore sobre a presidente que nunca tem noção do que diz. Nem sobre si mesma.

Em 12 de setembro de 2010, véspera das eleições, ela apareceu de gesso e botinha no pé direito. A informação oficial é que dera uma topada num móvel. A imprensa, evidentemente, quis saber como se sentia. Simples assim. Não para Dilma, que, nessas horas de maior *relax*, em que não estão envolvidas delicadas questões nacionais, apela ao chamado dilmês rústico, um patoá impregnado de uma mineirice que ficou bem para trás: "Num doeu muito. Dueu (sic) na hora, mas num dueu (sic) muito. O que eu tô com medo é de tá inchano, porque eu fiquei com ele pabaixo. Então eu tendii embora, que eu ainda tenho um comício hoje, né, e ficá com ele pacima."

Se a crônica do dia a dia sai assim, aos trancos e barrancos, lances biográficos, de um passado distante, tropeçam num nonsense já arraigado em sua mente. Uma das historietas recorrentes sobre seus primeiros anos de vida é a chamada lenda da nota rasgada, que chegou a contar no horário eleitoral do rádio: "Tem uma cena de minha infância que eu não esqueço. Apareceu um menino na porta da minha casa querendo comer, eu tinha uma nota de dinheiro, rasguei e dei metade a ele."

A reminiscência mereceria um tratado de psicologia clínica ou, quem sabe, um estudo freudiano sobre o impacto dessa passagem na mente de uma menina que 60 anos mais tarde seria presidente de um país. A menina Dilma já tinha a noção de que cédulas de dinheiro compram comida — mas não de que só fazem isso quando inteiras. Em casa, provavelmente, nunca vira ninguém rasgar dinheiro. Ou seja: uma criança com suficiente maturidade para se condoer com o drama de um menino com fome que bate à sua porta ainda não descobrira que metade de uma cédula é um papel imprestável em qualquer lugar do mundo.

Teria isso sugestionado a visão da presidente Dilma a respeito da economia de um país? Pode ser.

Em todo caso, metáforas são ricas. Rasgar dinheiro foi o que seu governo fez no primeiro mandato. No segundo, os brasileiros com fome estão cobrando a outra metade. Toda fábula infantil com Dilma envolvida é sempre muito esquisita.

Nesses seis anos, não foram poucas as entrevistas, e até discursos, em que Dilma respondeu sem rodeios a uma pergunta meio sem nexo que lhe é frequentemente feita: "Quando criança, sonhava em ser presidente da República?" A interrogação pressupõe que a Presidência seja uma profissão, não um cargo público e eletivo, localizado num horizonte distante anos-luz dos desígnios de uma criança. Um menino não sonha em ser diretor da Escola de Direito de Harvard — pode, no máximo, desejar ser advogado, como o pai. Mas Dilma sempre teve uma resposta na ponta da língua para essa especulação despropositada.

No dia 9 de julho de 2010, na estreia de seu comitê oficial de campanha, revelou uma frustração de infância: "Eu queria ser bailarina, trapezista e trabalhar no corpo de bombeiros. Eu nunca imaginei ser presidente." Esse improvável leque de opções, ao estilo Forrest Gump, me inspirou mais uma crônica, cinco dias depois, quando Dilma, em 13 de julho, repetiu a ladainha, já num discurso de campanha:

Uma das características da pior oradora política de todos os tempos — condição que manterá mesmo que não seja eleita em outubro — é a repetição obsessiva de meia dúzia de ideias, figuras de linguagem e imagens completamente toscas, que ela vai piorando cada vez que as repete.

Na inauguração do comitê oficial de sua coligação, nesta terça-feira em Brasília, ela fez de novo uma confissão que os comentaristas desta coluna já ouviram ou leram em outros carnavais:

— Na minha infância eu quis ser bailarina, trapezista ou do corpo de bombeiros.

Tudo bem: apesar do esdrúxulo contraste entre o balé e o Corpo de Bombeiros — na época vedado por lei às mulheres —, cada um pode querer ser o que quiser. Mas, no discurso de hoje, Dilma piorou a recorrente lembrança vocacional de infância. E piorou muito:

— Essa era a situação da minha geração, pois elas não podiam querer e ser presidentes.

Primeiro: não era essa, absolutamente, a "situação" da geração dela. Pergunte a qualquer mulher da faixa dos 60 anos — mãe, tia, vizinha — se algum dia hesitou entre ser bailarina, trapezista ou bombeira. Balé, vá lá. Mas por que diabos uma mulher nascida nos anos 1940 desejaria entrar para o Corpo de Bombeiros, então exclusivamente masculino? Ou para um circo?

Segundo: quer dizer então que era isso ou nada? Não havia opção? Se elas "pudessem" ser presidente da República então haveria uma alternativa a ser bailarina, trapezista ou bombeira?

Mas ainda faltava o arremate glorioso:

— A partir da minha eleição, as meninas poderão ter os mesmos sonhos dos meninos. Elas poderão sonhar em ser presidentes da República.

Perfeitamente. Dilma será um modelo para todas as meninas. Todas quererão ser presidentes da República, como os meninos. Peraí: quem disse para ela que meninos sonham em ser presidentes da República? Alguém conhece algum menino da geração de hoje, completamente alheia à política, que manifeste o "sonho" de ser presidente da República? Um filho, um sobrinho, um afilhado? Isso está no horizonte de alguma criança normal?

Meninas sonhando em ser presidente, por causa de Dilma? Também não existe nenhuma.

Cinco anos depois, meninas eventualmente inspiradas por Dilma prefeririam um pesadelo em Elm Street a um sonho no Planalto. Mas, na época, e enquanto tudo parecia ir bem, ela, que na meninice hesitara entre uma sapatilha, uma mangueira e uma lona de circo, repetiu seu dilema vocacional muitas vezes — e em muitos cenários. Inclusive na austera Harvard, já presidente do Brasil, ocasião em que o trapézio, felizmente, não foi invocado. O discurso, porém, abalaria a solidez acadêmica dos 375 anos da melhor universidade do planeta, como escrevi em 12 de abril de 2012:

> Na visita à Universidade de Harvard, antes de *comprimentá* meio mundo durante alguns minutos, a presidente Dilma Rousseff fez questão de cumprimentar a presidenta Dilma Rousseff.
> — Pra mim, boa noite, é um prazer, boa tarde, indo pra noite, é um prazer estar aqui em Harvard mais uma vez.
> Um vídeo registra o grande momento de sua viagem de volta à infância: "Eu não sonhava em ser presidenta. A minha geração... eu sonhava em ser uma de duas coisas: ou bailarina ou participá do Corpo de Bombeiro (sic), apagá incêndio. Hoje, as meninas podem sonhar com uma terceira opção: ser presidentas (sic) do Brasil.

A Universidade de Harvard, onde se formaram sete presidentes norte-americanos, inclusive Obama, até agora não se recuperou desse dia. Mas, ironia do destino: a estranhíssima aquarela vocacional da menina Dilma hoje faz algum sentido no Brasil, pois a presente crise harmoniza as duas carreiras sonhadas por ela com a opção pela Presidência do Brasil, que lhe caiu ao colo. Presidente, Dilma dançou miudinho por não ter conseguido apagar as labaredas de insensatez atiçadas por seu governo.

Desde o começo, aliás, sempre houve alguma coisa de errado com os programas de governo explicados em dilmês.

5. A mãe do PAC é metade do mundo — e mãe da outra metade

Lula, mestre em alcunhas para a *companheirada*, algumas impublicáveis, continuava tão impressionado com a desenvoltura da doutora, trazida dos subterrâneos do Palácio para sucedê-lo, que a apelidou de Mãe do PAC — o Programa de Aceleração do Crescimento, menina dos olhos de seu governo. Dilma, ministra-chefe da Casa Civil, onde circula toda a papelada que viabiliza burocraticamente os projetos vinculados à Presidência, era uma espécie de capataz daquele imenso canteiro de obras de infraestrutura que modelavam o Brasil Maravilha.

O problema — de novo — é que parte desses projetos ainda estava no papel. Papel é guardião de palavras. E palavras, bem... À falta de vigas e tijolos, essas obras só podiam ser conhecidas por palavras. E, quando essa tarefa cabe à Mãe do PAC, em dilmês de construção, a argamassa esfarinha no ar assim que preparada.

O trem-bala entre São Paulo e Rio, no qual Dilma viajou imaginariamente por longos anos, antes que o primeiro dormente tivesse sido sequer licitado, hoje é um trem fantasma, que não apita nem no papel. Mas, naquele ano de campanha, era a forma de transporte que colocaria o róseo Brasil *lulopetista* nos trilhos dos países mais ricos do mundo. Tão avançado que, imagine, não chovia dentro, como explicou sua mãe, em primeiro de janeiro de 2010: "O objetivo é um transporte rápido. Bom. Então, é um transporte muito, eu te diria assim, seguro, e é um transporte que você não tem problema se o tempo tá bom, se o tempo tá ruim, coméquitá o tempo, você trafega sistematicamente."

Questionada sobre a real necessidade de um meio de transporte tão dispendioso, e com um único trajeto, a doutora em Economia pela Unicamp tinha a resposta pronta, uma semana depois, quando visitava a gare do aeroporto de São José dos Campos: "Nós estudamos a questão da demanda. Quiquié demanda? A quantidade de passageiros que vai usar o trem-bala."

Ok, Dilma explicou o que é demanda — o que não lhe foi perguntado, talvez porque não poderia haver demanda sem oferta palpável. De qualquer forma, um trem que sai de São Paulo para o Rio sem escalas não tenderia à subutilização? Segundo Dilma, isso seria resolvido por... aviões. Que tal o trem-bala recolher passageiros estrangeiros no aeroporto de São José dos Campos? Mas primeiro seria preciso internacionalizar aquela pista de pouso. Pelo menos Dilma defendia isso.

> A gente tem de olhá é a possibilidade do aeroporto internacional, que eu acredito que vai se transformá em aeroporto internacional, aqui em São José dos Campos, sê uma das alternativas necessárias de um novo aeroporto em São Paulo. A expansão do aeroporto daqui, quando ocêtivé o trem-bala, a alternativa de descê aqui e ir para São Paulo de trem-bala é uma das alternativas importantes. Descê aqui e ir pro Rio de trem-bala, uma outra alternativa importante.

Talvez só Dilma, que hoje tem um Airbus 319 exclusivo, para imaginar que um passageiro de avião de qualquer outra região do Brasil ou do mundo, querendo ir a São Paulo ou ao Rio, este a 300 quilômetros de distância, fizesse escala em São José dos Campos para esperar o trem-bala passar. Por essas e outras, hoje o projeto tem o apelido de Trem Bala Perdida.

E a Mãe do PAC, onde foi parar? Também parece ter perdido o trem. Mas a supergerentona, na época, tinha muitos outros assuntos a cuidar. O site oficial da candidata trazia um verdadeiro tratado de megaobras e grandes indulgências, com programas sociais revolucionários, a demonstrar a humanidade e a sensibilidade daquela que poderia ser nossa primeira presidente mulher — ou vice-versa.

A questão das drogas era um ponto muito sensível, naquele 24 de abril de 2010. Lula nada fizera, em oito anos, para reduzir essa tragédia nacional de proporções dramáticas. Dilma, mulher e mãe, saberia resolver o problema. Informava o site da Presidência: "Em entrevista à emissora de rádio JM, de Uberaba (MG), Dilma Rousseff discutiu as políticas públicas para enfrentar o consumo de uma das drogas que mais atingem os jovens." Estava falando do crack, naturalmente.

A educadora Dilma, com jeito de consultora da ONU para a política de combate a drogas ilícitas, deu sua receita revolucionária. Mas é preciso ouvir a gravação da entrevista, disponível no próprio site, para se ter a noção exata da proficiência de sua proposta: "A nossa proposta ela conjuga, eu vou te falá as diretrizes dela. Eu sintetizaria procê em autoridade, carinho e apoio, né? É, é, autoridade, carinho e apoio."

A ordem decorada dos três pilares estava certa. A prevenção, através da educação e da profissionalização precoce, seria a pedra de toque do projeto. Mas, aos jovens já dependentes, ela propunha a política mais ousada de seu programa antidrogas: "Esse ocê tem de impedi que ele entre e ao mesmo tempo aquele que entrou tem de puxá."

Além do parco entendimento da candidata sobre o dependente, que está dentro e, portanto, já não pode ser impedido de entrar, o dilmês tropeça amiúde nas citadas anfibologias — as palavras anfíbias, de duplo ou triplo sentido. Não seria o caso desse "puxá" quando se aborda a questão das drogas?

Àquela época, porém, Dilma tinha um trunfo: por mais acintosos que fossem seus barbarismos de linguagem, ou mesmo barbaridades, ninguém a contestava — a começar pelo próprio pessoal do Planalto. Sua vitória nas eleições de outubro parecia garantida — e não seria conveniente confrontar a madame birrenta, de passadas duras. Para sua sorte, nem a oposição questionava a candidata incapaz de articular uma ideia inteligente — *handicap* insuperável para alguém que se propõe a disputar eleições diretas, num cenário de entrevistas, discursos, debates. Todos passavam por Dilma como se não a ouvissem. Eventualmente, podiam contestar o conteúdo de suas propostas — jamais a forma. Esta, porém, era desqualificatória.

Weslian Roriz, no Distrito Federal, nunca foi levada a sério assim que abriu a boca, mesmo tendo o marido Joaquim como ventríloquo de ocasião. Nos Estados Unidos, a governadora do Alasca Sarah Palin, que tentou ser presidenciável, também caiu porque as palavras traíram de morte seu raciocínio primário — e raciocínio primário não orna com primárias. Aqui, Dilma desafiou as improbabilidades de quem não teria o menor apelo para o menos exigente dos *headhunters* depois de uma entrevista de cinco minutos. Chegou à Presidência da República.

*

O dilmês não tem altos e baixos. Mas alguns *lowlights*, que se caracterizam pela insistência com que esses assombros são repetidos, com graus de fluência e sentido cada vez mais reduzidos. O dilmês tem um notável viés de involução. A fábula da "mulher-metade" talvez seja o melhor (ou pior) desses picos para baixo. Por volta de 2012 — a origem é tão incerta quanto a da *Mulher sapiens* —, Dilma contou ter ouvido de uma matuta a seguinte equação: "Nós somos metade da população. A outra metade é filha nossa."

Dilma ficou matutando esse axioma da roça, que só faz algum sentido quando atrelado à sua raiz popular. Se levado a sério num palanque presidencial, do ponto de vista estatístico, a formulação tem inúmeros problemas. Mas Dilma se encantou com aquela lógica de IBGE sem método — e passou a repeti-la nos anos seguintes, em vários discursos com plateias ou temáticas femininas, sempre que tentava impressionar os presentes com uma informação que supostamente demonstraria a pujança da mulher no mundo de hoje. E tome: "Nós somos metade da população. E mães da outra metade."

Claro que Dilma nunca se deu ao trabalho de, sem apelar para os cânones da ciência demográfica, recorrer à lógica chã para questionar essa conta. Nessa fantástica sociobiologia reprodutiva da presidente, todas as mulheres são mães, incluídas as recém-nascidas, as estéreis e as carmelitas descalças. Todos os filhos são homens. Todos os homens têm mães vivas, incluídos os maiores de 90 anos, e são órfãos de pai, incluídos os bebês de colo.

Para que isso não seja verdade, é preciso levar em conta que, se todas as mulheres são mães de todos os homens, nós somos pais delas e inclusive de nós mesmos, porque há crianças de ambos os sexos. Se não foi por geração espontânea, a tal segunda metade é filha, mas também pai da primeira, com exceção dos que não são pais de si mesmos, dentro da mesma metade. E mães da primeira metade, além de mães da segunda metade, também são mães das meninas da mesma metade, já que na segunda metade só há homens.

Para facilitar as coisas: o axioma das duas metades é tão esdrúxulo que pode ser invertido, sem maiores problemas e, portanto, ser transposto para um seminário de machistas: "Nós somos a metade da população. E pais da outra metade."

Essa sequência de achados parece coisa de louco — mas dá bem a medida dos perigos de Dilma tentar reproduzir e reciclar um gracejo de praça pública como se falasse sério. Ah: ela costuma concluir a fábula da mulher-metade com um bordão de chanchada: "E tá todo mundo em casa." Um enigma. Até hoje.

É certo que Dilma nunca foi chamada à atenção pelo ridículo que constitui esse aforismo, ainda mais deturpado pelo dilmês. Nenhum de seus auxiliares ousaria contestar uma historinha que a deixa tão solta quando participa de cerimônias em que pode exercer seu lado de animadora de auditório — que naturalmente é canhestro.

Em 10 de março de 2015, a fábula das duas metades ainda tinha fôlego para permanecer um *work in progress*, a cada dia mais esdrúxula:

> Uma vez uma companheira me disse que essa questão de homem e mulher não tinha problema algum, porque as mulheres eram a maioria, mas a outra parte, a outra parte da maioria, era integrada por homens, todos eles provenientes de uma mulher, e, por isso, ficava tudo em casa: mulher com mulher. Porque os homens podem ter filhas e mulheres, esposas, mas têm necessariamente — aí não é pode, têm, necessariamente — uma mãe.

Bem pior que em 2012, não?

Sim, essa "questão" de gênero, com a justa valorização da mulher, tem sérios problemas quanto é intermediada pelo dilmês — que imbeciliza tudo o que toca.

Como ela gosta de dizer, está tudo em casa. E, na casa própria de Dilma, moram outros espantos.

6. A casa do espanto é própria de Dilma: mostra nossa "capacidade de viver e de morrer"

Em 2014, o prefeito de Pacatuba, no Ceará, José Alexandre Alencar (PROS), estava impaciente — mas se mostrava bastante compreensivo. É daqueles que chamam Dilma de presidenta. "A agenda de nossa chefe maior é uma loucura, tem muita coisa a fazer no Brasil e no mundo." Por causa dessa agenda de grandes feitos em escala global, quatrocentos mutuários do programa Minha Casa, Minha Vida nessa cidade da Grande Fortaleza aguardavam as chaves de suas unidades, já plenamente concluídas e com contrato assinado, havia mais de um mês.

Qualquer burocrata local poderia entregar-lhes as casas. Mas, não. Os pacatubenses só teriam acesso ao que lhes era de direito quando a presidente arranjasse um tempinho para ir à cidade e comandar a cerimônia. Uma das beneficiárias do programa disse na época que estava contando "as horas, os minutos e os segundos" para finalmente receber as chaves. "Vou lá todo dia só para ficar olhando minha casa novinha. Fico olhando do lado de fora um tempão." Muita calma nessa hora.

Era ano eleitoral e o Minha Casa, Minha Vida, apesar de todos os seus pecados, representava, àquela altura, o programa mais consistente do governo Dilma. Pecados? Muitos. Há inúmeros casos comprovados de aparelhamento pelo PT, beneficiando a *companheirada* filiada ou agregada ao partido. Às vezes com menos de um mês após a entrega das chaves já abundam reclamações de moradores sobre a qualidade da construção.

O conjunto de defeitos apontados parece análogo aos do atual cenário político: rachaduras, vazamentos, infiltrações. O TCU já identificou sinais de fraudes na inscrição de milhares de mutuários, através de perfil de renda inferior ao real, para se adequarem ao programa. Enfim, cerca de 1 milhão e 400 mil unidades contratadas no PAC 2 ainda não foram concluídas — mas a fase 3 do programa MC/MV já é alardeada como a maior de todas. Não fosse o ajuste fiscal.

De qualquer modo, a "chefe maior", infelizmente, não pôde encontrar um tempinho em sua agenda para fazer pessoalmente a entrega das chaves aos pacatubenses — que as receberiam, afinal, do ministro das Cidades e do governador do Ceará. Claro que o que mais lhes interessava era poder tomar posse de suas casas.

Mas, uma pena, foram privados de receber da presidente, pessoalmente, o fabuloso "Manual de instruções em dilmês para a serventia e o uso da casa própria", que acompanha a entrega das chaves do Minha Casa, Minha Vida há pelo menos quatro anos. A casa própria — ou *própia*, em dilmês — é uma casa própria de Dilma. Com um nível de linguagem que desabilitaria o falante à segunda fase do exame do ENEM, soa como um cenário de filme de Fellini, pela variedade das relações humanas e familiares ali desenvolvidas; mas roteirizado por Mazzaropi, tal a pobreza franciscana do texto.

A repetição sistemática desse "Manual da casa *própia*", nas cerimônias em que Dilma entrega pessoalmente um punhado de chaves, parece ter um forte componente freudiano. Ao que tudo indica, no entanto, a necessidade obsessiva de explicar às pessoas para que serve uma casa, além da nobre e óbvia função de moradia, deve-se à crença de Dilma, também patológica, de que foi Lula quem criou os programas de habitação. Antes dele, não havia casa própria — só a dos outros. Por isso, a casa é uma novidade absoluta introduzida pelo *lulopetismo*.

Em inúmeros discursos, Dilma chegou a dizer, naquele seu jeito destrambelhado, que no tempo de FHC era proibido — e o termo empregado foi esse mesmo — construir casa para a população de baixa renda. Daí o fato de que, desde o início de seu mandato, ela participou de pelo menos duzentas entregas de unidades do MC/MV nos mais variados rincões do país. Sempre com sua casa na ponta da língua — quase caindo.

No dia 9 de junho de 2011, 580 cidadãos de Blumenau receberiam da presidente as chaves de uma casa que, além de portas, janelas e tijolos, era construída no ar pelo desregramento e pelo descompasso do dilmês. Depois de "desejar um *comprimento*" às mulheres da cidade, estendeu-os aos "companheiros homens". E então se pôs a esboçar a planta sentimental de sua casa — de um modo que recomendaria tirar as crianças da sala. Crianças, não: "os brasileirinhos e as brasileirinhas".[9]

> Porque ter um teto é uma questão de segurança. Ter uma família e ter um local onde você possa desenvolver suas relações afetivas é o direito de todo ser humano, das mulheres, porque é lá que elas criam seus filhos, é lá que ela estabelece essa relação familiar que vai criar brasileirinhos e brasileirinhas pra serem os futuros adultos.

---

[9] Para ver o discurso de Dilma Rousseff em Blumenau: <https://youtu.be/0QchSRrZdtc>.

A casa é, eu diria, um símbolo do cerne de uma nação. É lá que um país tem segurança também, porque essa primeira segurança de sabê que seus filhos vão tê abrigo. Essa questão da proteção que é algo que a humanidade busca desde que cumeçô a se transformá e virá cada vez mais humanos. Nós precisamos de abrigo porque o abrigo nos dá proteção. Todos brasileiros têm direito à proteção de um teto, de um lar, onde criar seus filhos. Por isso, eu tenho imenso orgulho desse programa Minha Casa, Minha Vida, orgulho não porque o estado brasileiro parô de achá que todo mundo tinha de encontrar um jeito de tê casa independente de quanto ganhava. E nós mudamos essa compreensão.

Estava inspirada.

Um ano antes do *forfait* em Pacatuba, Dilma estrelou a entrega de 526 unidades do Minha Casa, Minha Vida em João Pessoa com um pouco menos de verborragia. Mas o estilo é sempre o mesmo. Nesse dia, na obrigatória sessão de *comprimentos*, antes da cerimônia das chaves propriamente dita, ela saudou os membros do grupo folclórico Nova Geração, que ali se apresentava. Nessas ocasiões — lembram-se da bola de folhas de bananeira? —, costuma assomar a antropóloga não alfabetizada das profundas raízes nacionais: "Cantaram aqui para nós, encheram nosso coração de alegria e nos lembraram do nosso ritmo, esse ritmo fantástico que ninguém escuta e consegue ficar parado."

"Esse ritmo que ninguém escuta e consegue ficar parado" é mais uma daquelas sintaxes do dilmês que, depois de reconhecida a léguas e a línguas de distância, mereceria uma tese de mestrado em neurolinguística avançada. Mas Dilma estava mais interessada em outro canto — o cantinho da casa própria. A casa de Dilma é sempre um palacete dialético:

> Além da casa onde essas famílias irão morar, a casa ser um lar, um lugar onde a gente cria filho, recebe amigo, conversa, toma uma cervejinha, faz uma festinha, a casa onde a gente volta do trabalho e descansa, a casa também representa cidadania. E o que é que é cidadania? Cidadania é o Estado brasileiro olhar para os moradores do Minha Casa, Minha Vida e querer que as casas sejam de qualidade.

Mais que isso. Em 30 de abril de 2014, Dilma revelou um interessante detalhe anatômico de suas casas — as portas abrem para fora: "Quando vocês pegarem a chave, abrirem a porta, pegarem a maçaneta e puxarem a porta, entrem por essas casas de cabeça muito erguida, coração cheio de esperança."

De fora para dentro ou de dentro para fora, organizar uma cerimônia de entrega de chaves de casa própria, com a plateia composta unicamente pelos beneficiados e suas famílias, é ter o cimento e o tijolo na mão. Uma garantia contra apupos e cartazes do contra. Um programa de casa própria sem dúvida é um trunfo — eventualmente merecido — para qualquer governante. Se Dilma usou o Minha Casa, Minha Vida como massa de campanha para sua eleição e, quatro anos depois, para sua reeleição, muito natural que continue se aproveitando do programa para aparições públicas sem vaias, em meio a uma crise à beira do precipício.

O Minha Casa, Minha Vida é, sem dúvida, o único cartão de visitas presidencial que seria aceito hoje por um eleitor, na rua. Por isso, no ano problemático de 2015, com exceção de um ou outro evento relacionado a ações de governo, sempre com plateia oficial, Dilma praticamente só mandou ligar as turbinas do Aerolula para entregar casas.

No dia 2 de fevereiro de 2015, por exemplo, foi a Feira de Santana, com uma alvissareira novidade, trazida mais pela economista do que pela presidente:

> Com essas 922, somadas as que já estão contratadas com que já foram entregues, o nosso ministro disse que serão 38 mil moradias que nós vamos entregar. Então vamos fazer só uma conta para iniciar a história: 38 mil moradias vezes quatro pessoas em média por casa, nós vamos ter, se eu não me engano, 152 mil moradias. Se aqui em Feira de Santana moram 600 mil pessoas, vai haver, em cada quatro pessoas, uma que recebeu a chave do Minha Casa, Minha Vida.

Mais uma vez, os números traíam a falsa doutora em economia. Pelas contas de Dilma, cada membro da família então teria sua própria casa dentro da casa principal. Ou, na pior das hipóteses, cada um receberia suas próprias chaves.

No dia 4 de abril, a pantomima foi em Duque de Caxias, estado do Rio. Será que, até o fim de seu governo, as pessoas terão aprendido para que serve uma casa?

> Mas eu sei que, de todas as coisas que a pessoa necessita, uma delas ela é fundamental, faz parte daquilo que qualquer ser humano busca: o abrigo, o lugar para se abrigar, para construir seu lar, para construir sua família. Daí que a moradia, entre todas, entre todas as infraestruturas — porque a moradia é uma infraestrutura —, a moradia tem um sentido especial. Não só é o melhor dos sonhos, mas é também a maior das realizações. Ter uma casa digna para morar, protege a família, protege a criança, protege os jovens.

Em 11 de agosto, no Maranhão, um grande momento do "manual de instruções" de Dilma — sua casa própria também é uma agência de casamentos:

> Eu estou entregando muito mais que uma construção, eu sei que eu estou entregando um espaço onde cada uma de vocês, cada um de vocês homens e mulheres, pais e mães, avós e avós, enfim, parentes junto com crianças e jovens, têm agora uma segurança. Porque casa é primeiro sinônimo de segurança. Casa depois é sinônimo de outra coisa muito importante: um lugar para a gente construir laços afetivos, é ali na casa que o pai e a mãe amam as crianças, dão instruções para as crianças, educam as crianças e os jovens. É ali na casa também que começam os encontros, os namoros, os noivados e os casamentos.

Após ouvir e ler esses delírios que habitam a mente de Dilma, uma pessoa com alguma coisa na cabeça talvez pudesse resumir numa palavra o que é possível fazer numa casa própria: viver.

Antes, porém, em 13 de abril de 2012, em Brasília, num evento de expansão do programa Minha Casa, Minha Vida, a casa de Dilma já mostrara nossa capacidade de morrer.[10] Depois de ler a transcrição de seu discurso no Portal do Planalto, escrevi então:

> A Casa do Espanto de Dilma não é um lugar para as pessoas viverem, como qualquer casa. Ela reúne relações e é um centro comunitário de acolhimento universal. Com essa credencial, o Minha Casa, Minha Vida, agora com o número 2 acoplado ao nome pomposo, é indiscutivelmente a menina dos olhos de Dilma. Talvez por isso há mais de dois anos Dilma dedica um esforço comovente a tentar explicar a "filosofia" por trás da casa própria. A casa própria como

---

[10] Para ver Dilma discorrer sobre a casa *própria* — a vida e a morte — em Brasília: <https://youtu.be/PiKOYtAo_V0>.

entidade. Não três milhões de casas, mas uma única casa — mítica, mágica, sobre-humana.

Para as pessoas que nela morarão, ou morariam, não há nenhum mistério: morar em casa é melhor do que morar na rua; morar em casa própria é melhor do que pagar aluguel ou morar de favor; enfim, ter uma casa é melhor do que não ter. Não é preciso ir além disso para convencer as pessoas de que é bom ter casa própria. Aliás, nessa questão, não é preciso convencer as pessoas de coisa alguma — basta facilitar-lhes o acesso à casa.

É Dilma quem não está convencida disso. Desde a campanha, ela se desdobra para tentar explicar a importância existencial da casa própria. Porém, incapaz de explicar a uma criança de cinco anos o significado do Natal, a cada tentativa a casa própria de Dilma fica mais vazia. Como construção formal de ideias, um casebre inabitável. Como ideia em si, um conjunto de impropriedades — perdoem o trocadilho voluntário — que geram dúvidas cada vez mais dramáticas sobre a real formação educacional da presidente e sua capacidade de governar.

E o já célebre discurso da casa própria, que até seus auxiliares devem temer, piora a cada dia. Mas o de hoje é insuperável — pelo menos até o próximo. Não foi num canteiro de obras, para futuros moradores — o que, em tese, poderia justificar a fala paupérrima. Mas num auditório em Brasília, presentes inúmeras autoridades: mais um anúncio de expansão do programa. O almoxarifado do Palácio não está dando conta dos pedidos de papel-ofício.

A revelação é feita logo de cara, sem subterfúgios, e não há palavras para descrevê-la — da mesma forma que Dilma não as teve para fazê-lo:

— Eu acredito que a questão da casa própia (sic) é uma questão muito importante na vida das pessoas. Ela reúne a relação que nós temos com os nossos filhos, com a nossa família e com os nossos amigos. Então ela é um espaço onde a gente constrói o lar e a proteção. E ao mesmo tempo ela mostra a nossa capacidade de viver e de morrer

É o caso de perguntar: seria exagero incluir esse parágrafo naquelas antologias de pérolas do ENEM ou do vestibular que circulam na internet? Seria exagero concluir que a presidente Dilma não tem a mais remota noção do que está falando?

Sim, a casa *própia* de Dilma abriga arrepios que não foram sentidos nem em Elm Street. A casa *própia* de Dilma mostra também nossa capacidade de morrer. Mas, a depender do sistema de saúde oferecido por seu governo, no qual dá gosto ficar doente, essa é uma possibilidade bastante remota.

7. Dilmês é como a gripe de Dilma: "Uma doença que ataca cada um de nós"

Se o dilmês fosse um paciente internado, o boletim médico pregado ao leito na enfermaria seria um tratado de politraumatismos idiomáticos nos membros das frases: fraturas (a maioria exposta), torções, luxações, deslocamentos, desarticulações, degenerações, doenças do tecido conjuntivo etc. Pôr tudo no lugar parece tarefa impossível, sobretudo quando Dilma discorre sobre... saúde. Explicando os benefícios do Minha Casa, Minha Vida, o mais bem-sucedido — vá lá — programa de seu governo, o dilmês se torna imprestável até para uma empresa de demolição, com a repetição obsessiva da redação escolar primária de Dilma sobre o verdadeiro sentido da casa própria.

Ao abordar a saúde pública, talvez o ponto mais degradado do projeto *lulopetista*, com o ministério servindo de massa de moeda de troca para baixar a crista do PMDB, o diagnóstico em dilmês, dos pés à cabeça, passando pelos dentes, é terminal. Como há poucas ações concretas bem-sucedidas nessa área, além do discutível programa Mais Médicos, paixão imodesta de Dilma, sobram as palavras enfaixadas, com um dramático acúmulo e recidivas de AVL — Acidente Vernacular Linguístico.

A descrição doentia em dilmês dos supostos programas de saúde do governo começou lá para trás, quando Dilma já prometia aos brasileiros melhorar ainda mais o padrão Lula de hospitais públicos — aqueles onde "dá gosto de ficar doente". E dos hospitais do SUS que ele ficou de recomendar a Obama.

Ambos clientes dos serviços cinco estrelas do Hospital Sírio--Libanês, Lula e Dilma nunca pisaram até hoje num posto do SUS para colocar um esparadrapo no dedo. Se o fizessem, teriam algumas horas de espera para pôr a conversa em dia. O SUS de Dilma, em tese, esbanja saúde — só que não.

Como é o Dr. Dilmês quem faz o diagnóstico, surge nos delírios da paciente do Sírio-Libanês uma síndrome típica dos homens (e das mulheres, diria Dilma) públicos: o populismo pueril. Em 27 de janeiro de 2010, ainda pré-candidata, na inauguração de uma UPA (Unidade de Pronto Atendimento) em Paulista, interior de Pernambuco, ela já enxergava naquele serviço uma filial do Hospital Albert Einstein:

> Essa obra que nós estamos hoje entregano (sic) ao público ela não é uma obra qualquer. Porque uma obra é simplesmente paredes de alvenaria e também são instalações. Mas aqui tem uma filosofia de atendimento e essa filosofia de atendimento ela diz o seguinte: que nós temos de ter no Brasil um tratamento igual entre todos os brasileiros. Todos os brasileiros têm direito de receber um serviço de saúde igual ao melhor serviço de saúde praticado no Brasil.

E se a UPA não resolver?

> Aqueles que tiverem (sic) em situação mais grave vão poder ir para o hospital Miguel Arraes, que é um hospital que não faz nenhuma diferença quando comparado aos melhores hospitais desse (sic) país.

> Isso significa mudar as condições, mudar a situação e garantir que o pobre no Brasil tenha progressivamente o mesmo tratamento de todos os ricos deste país.

A radiografia que fazia do Sistema Único de Saúde era impecável, de norte a sul do país. Em 2 de setembro de 2010, a um mês das eleições, na entrega de leitos no hospital da Universidade Luterana do Brasil, em Canoas, Rio Grande do Sul, Dilma colocou o dedo na ferida:

> Um sistema único de saúde do porte do nosso, ele tem de dar conta desses três elementos, que tornam esse sistema extremamente complexo. Ser universal, ou seja, atender quem bata na sua porta. Ser gratuito, portanto dar conta da cobertura dos 190 milhões de brasileiros. E ser de qualidade. Geralmente, ou é de qualidade ou é universal. Geralmente, ou é pago ou é de qualidade.

Para Dilma, como se vê, não há hipótese de um hospital ser pago, como o Sírio e o Einstein, e de qualidade. É um ou outro. E os hospitais "universais", como os do SUS, não têm qualidade — porque uma coisa exclui a outra. Bem, deve ter sido um lapso — patologia recorrente do dilmês.

Dilma, que não sabe a diferença entre uma tipoia e uma traqueostomia, tem tratado a saúde pública com uma dolorida leviandade — apenas repetindo suas ideias toscas sobre projetos que já funcionavam ou nunca funcionarão.

Quando repete aquela velha opinião formada sobre tudo, Dilma não abre mão de seu compromisso com o erro. É impermeável para alterar o rumo, o fluxo e o sentido de suas ideias toscas. E esse desconhecimento, estendido aos problemas e às necessidades do corpo humano, alcança, de novo, as figuras de linguagem imutáveis da língua portuguesa — até encontrarem o dilmês pelo caminho.

Numa entrevista ao *Valor Econômico*, em março de 2011, a propósito de uma indagação qualquer, a presidente apelou para a metáfora famosa, baseada na prenhez feminina — assunto que lhe é tão caro. Só que o dilmês deforma tudo — até o que não pode ser deformado. "É aquela imagem da pequena gravidez. Não tem pequena gravidez. Ou tem gravidez ou não." Só que não. Uma gravidez de três semanas é pequena. O que não existe para efeito de argumento da frase feita, e agora desfeita por Dilma, é meia gravidez. Ou uma mulher meio grávida.

Aliás, a gravidez — a pequena, a grande e a meia — é desde sempre um campo onde o dilmês dá muita barriga. Dilma cismou com a Rede Cegonha, mas, incapaz de explicar a uma criança que cegonha não é parteira, o programa não decolou. Culpa do dilmês, que estragou tudo.

Uma "assistência integral" à criança foi um de seus fetiches na campanha de 2010. Ela tentava explicar, com enorme dificuldade, em setembro daquele ano, a 35 dias das eleições, em entrevista coletiva em Brasília — e já com a certeza de que nada do que dissesse de errado, patético ou esquisito estragaria sua vitória —, a tal assistência total a meninos e meninas. O Brasil fazia os chamados "ouvidos moucos" para qualquer bobagem que Dilma proferisse com a autoridade e a fluência de uma professora recém-chegada de temporada de trinta anos num fiorde norueguês sem contato com humanos falantes.

Numa coletiva de imprensa em Brasília, em 28 de agosto de 2010, época em que suas entrevistas eram monotemáticas, a saúde da criança foi o assunto preferencial.[11] Como as crianças, segundo ela completamente ignoradas até 2003, seriam "incluídas" em seu governo? "De uma forma especial. Que construa o cuidado com as

---

[11] Para ver as propostas de Dilma Rousseff para a saúde das crianças: <https://youtu.be/1ur6m98vKws>.

crianças desde o momento da gestação da mãe, passano (sic) obviamente pelo parto e chegando até ao atendimento à criança nos seus primeiros anos de vida, que é um momento muito especial."

Ninguém havia pensado nessa proposta inédita de Dilma: cuidar da criança desde o momento do nascimento. "Nós, pra isso, pra essa, pra esse cuidado, construímos a Rede Cegonha." Pronto, ei-la. Seria uma rede para levar o Brasil no bico?

> A Rede Cegonha é um... primeiro, ela tá baseada num ponto de prevenção, que é o tratamento da mulher quando grávida. O acompanhamento da gravidez, todos os exames de praxe e também a avaliação do feto e todo o acompanhamento que isso requer. Será feito através de Clínicas da Mulher.

Era difícil entender muito bem. Dilma pretendia criar isso? O que descrevia como "meta de governo", embora com outro nome, era o beabá da assistência materno-infantil, bem ou mal disponível há décadas em todo o Brasil. Melhorar é outra história — mas não havia nenhuma pista do que efetivamente propunha para aperfeiçoar a "assistência integral" à criança. E continuou com mais do mesmo: "Depois tem a questão fundamental do parto. Ter maternidade de baixo risco e alto risco. E, na sequência, no tratamento dos primeiros dias, meses da criança, é a estrutura de UTIs neonatais, com hospitais de referência da criança."

A futura presidente Dilma acabava de criar, por decreto antecipado, a Obstetrícia e a Pediatria Neonatal no Brasil. Começava bem. Mas o que seria oferecido nesses hospitais de "referência"?

> Cê tem basicamente um atendimento que eles chamam, né, já mais sofisticado, né, com maior nível de complexidade. Então lá se trata de problemas que vão desde a questão do coração, né, por exemplo, crianças que nascem com problemas de coração, passando por todas as doenças que podem levá (sic) a risco de vida do bebê.

Como se percebe, nada menos que um hospital infantil — mais uma criação de Dilma.

Chegara a hora de introduzir outra pérola que a deslumbrava: o SAMU, o já consagrado serviço de resgate, introduzido primeiro em Campinas e hoje administrado pelas prefeituras em parceria com o Ministério da Saúde. Traduzindo: é o atendimento móvel de urgência, aliás eficientíssimo e valoroso desde sua criação, que resgata pacientes quando se disca 192. Na verdade, a futura presidente insistiu, na campanha, em reinventar o SAMU — que, num debate da Band, definiria como "aquele serviço que transporta crianças". "Porque o SAMU tem desempenhado no Brasil um papel fundamental, que é juntá (sic) toda a rede e olhá (sic) onde que tem disponibilidade e onde que a criança, ou o adulto, no caso, deve ser levado."

A futura presidente decidira, portanto, recriar também as ambulâncias. Mas estava na hora de juntar as ambulâncias do SAMU com a cegonha, não? Lógico: "Para as crianças, criamos o SAMU Cegonha." Dilma aciona a sirene: "O SAMU Cegonha é basicamente para o atendimento da mulher no momento da gravidez." Ou seja: era abrir o exame, dar positivo e já chamar o SAMU Cegonha para dar os parabéns à nova gestante. Na verdade, contudo, não era bem isso: "E o SAMU Cegonha da fase já do bebê é o atendimento pra levá (sic) a criança, justamente ou pruma (sic), prum (sic) tratamento na UTI neonatal ou prum (sic) hospital de referência de alta complexidade."

Ou seja: o SAMU Cegonha faria exatamente o que já fazem as ambulâncias.

O SAMU continuaria fascinando Dilma mais do que a baleia quase homônima do SeaWorld em relação às crianças que visitam o parque. Resumiu ela: "Então, o SAMU, essas ambulâncias, elas são essenciais, elas que te permitem levar de um lugar para outro."

No campo da saúde, Dilma se impressiona com pouco. O clímax dessa famosa coletiva sanitária dada em Brasília seria o que ela vira na véspera, e a chacoalhara muito, na visita ao Hospital Estadual da Criança de Feira de Santana:

> Uma proposta que conjuga não só tecnologia de ponta, tecnologia sofisticada pro tratamento da criança, mas também tem um grande nível de humanização, porque eles usam toda aquela questão do envolvimento da criança, mostrando que a boneca vai, tamém (sic), cuidá (sic) da cabeça ou quando a criança é submetida a algum nível de tratamento mais estressante, tomá (sic) os cuidados para garanti (sic) que psicologicamente ela se... enfim, ela tenha uma chegada maior a um processo que inclusive é de dor.

Boneca, criança, tudo a ver. Mas seus planos para a saúde eram mesmo integrais e extensivos a adultos. Em 22 de março de 2011, em Manaus, a presidente Dilma foi a garota-propaganda da Campanha Nacional de Combate ao Câncer de Mama e Colo do Útero, lançada naquela semana. Na sessão de *comprimentos*, uma menção muito especial:[12] "Eu queria saudá (sic) a Oriona Maria Ohse, do grupo de apoio às mulheres *mastetêctomizadas* da Amazônia."

A saúde integral inclui os dentes. E Dilma também tem uma versão odontológica do "uma casa que não é só uma casa". Para que servem, afinal, os dentes em dilmês? No dia 28 de maio de 2014, na inauguração do Centro de Especialidades Odontológicas em São Bernardo do Campo, com a presença do ministro da Saúde Arthur Chioro, um clássico cariado do dilmês:[13]

---

[12] Dilma Rousseff dedica-se muito a *comprimentar* os presentes em seus palanques: <https://youtu.be/MdhM3WGDmT4>.
[13] Para ver Dilma discorrer sobre como os dentes nos fazem humanos: <https://youtu.be/zRHjdUrW2io>.

> Nesses dez anos nós lutamos para quê? Nós lutamos para que a saúde bucal, os nossos dentes, todo o tratamento bucal, que, como disse o Chioro, é a porta de entrada daquilo que nos alimenta e faz com que nós continuamos vivendo, daquela água que nós bebemos e faz com que nós sobrevivamos, que faz também que nós sejamos humanos, porque uma coisa que nos diferencia de qualquer outra espécie, nós nos comunicamos pela fala, e ainda mais humano do que tudo, nós somos aquela espécie que sorri e também chora, mas sorri, que acha graça, que ri.

Teria o ministro Chioro dito mesmo que uma pessoa que usa dentadura morre de sede e de fome? É provável que não. Porque Dilma nunca teve tempo para burilar suas pensatas dentais. Ao contrário, como sempre acontece, piorou-as.

Em 10 de agosto de 2012, no anúncio de ampliação do citado Brasil Sorridente, já era possível gargalhar com o discurso sobre a importância dos dentes.[14] Esses 5 minutos e 27 segundos estão, sem dúvida, na boca de entrada do Top 10 do dilmês — como descrevi em crônica da época:

> A presidente vai falar da importância de ter dentes na boca. Como ela insiste em ser chamada de presidenta, não é uma rima — e já não era uma solução.
>
> De dedo em riste, num tom muito acima do normal, Dilma vai anunciar a ampliação do programa Brasil Sorridente, criado no primeiro ano do governo Lula. Uma espécie de PAC 2 odontológico. O Brasil — depois de oito anos de Lula — continua sendo um dos países mais desdentados do mundo, no qual 55% dos adolescentes já não têm todos os dentes e 40 milhões de adultos só têm na boca a língua e as gengivas.

---

[14] Para ver o discurso: <https://youtu.be/JkLhH5gQ8RE>.

Ao tentar explicar o programa, insistindo na tese surpreendente de que é melhor ter dentes do que não tê-los, Dilma tentou ser bastante incisiva. Mas, se lhe sobram dentes, faltam palavras.

— No passado, ninguém olhava pra pessoa de uma forma completa. E aí, a gente tratava aqui no Brasil de várias coisas, mas isquicia (sic) que um dos elementos fundamentais pra identidade de uma pessoa é ela ser uma pessoa inteira.

E?

— Daí porque a importância que no Brasil Sorridente nós damos à saúde bucal, aos dentes, e nós olhamos não mais uma pessoa como uma parte, uma pessoa que tem uma doença, mas olhamos o que pode dá (sic) saúde integral pra ela.

Dentes, inclusive, têm a ver com autoestima — e esta, com emprego:

— Esse povo que pode e teve (sic) muitas vezes desempregado. Nós não queremos isso. Nós queremos todos os brasileiros empregados.

Empregos para todos, inclusive crianças, dentes para todos. É uma ordem de Dilma:

— Num pode perdê (sic) dente, num pode deixá (sic) que jovem perca os dentes ou que criança não tenha acesso ao dentista.

Então, faz um apelo:

— Junto com uma prótese, que a gente fala um mutirão de prótese, eu vou falá (sic) como o povo fala, junto com um mutirão de dentadura, nós temos de falá (sic) também num mutirão para tratar dos dentes de cada criança.

Mas, em 2013, outro programa de saúde tomou o lugar do SAMU e do Brasil Sorridente no coração de Dilma. Em agosto daquele ano, o governo anunciou que resolveria a desoladora carência dos brasileiros por mais médicos com... Mais Médicos. Desde então, Dilma costuma explicar esse que é um dos mais controversos programas de saúde da história com um silogismo inverso: o Mais Médicos foi criado porque o brasileiro precisa de... mais médicos. No dia 29 desse mês, numa cerimônia de formatura de alunos do Pronatec, Dilma explicou — quem sabe a futuros médicos — sua versão do Juramento de Hipócrates:[15]

> Olha, as pessoas se queixam de duas coisas: de ter um atendimento que ela vai ter de agendar e que vai demorar muito porque não tem um médico lá no posto de saúde, e querem também uma outra coisa: que esse atendimento seja humano, não é, gente, essa questão da humanidade no trato com a pessoa.

Um exemplo, Dra. Dilma? "O médico, então, é um elemento essencial desse processo. Aliás, cá entre nós, serviços... você começa olhando serviço, você pensa quem é que faz o serviço? É a pessoa. Então, o médico é um elemento fundamental."

Era hora de a doutora em economia e estatísticas traduzir essa carência em números — com o forno do velho aforismo sendo substituído por seu fogareiro:

> Nós temos 1,8 médico por mil habitantes, na média geral. Você sabe que, na média, o cara pode estar com a cabeça na geladeira e o pé no fogareiro e no meio, aqui, no umbigo, ele estar com a temperatura normal. Na distribuição é a mesma coisa, tem gente que tem muito médico, no Brasil, e tem gente que não tem nenhum, mas é 1,8.

Dilma não explicou se a fração 0,8 chegou a terminar o curso de medicina, mas aponta onde estamos mais carentes: "Não sei se ocês (sic) sabem, mas quase 90% dos requerimentos de saúde deste país, entre 80 e 90, eu não vou falar 90, vou falar entre 80 e 90, é hipertensão,

---

[15] Para ver o discurso de Dilma Rousseff em formatura do Pronatec: <https://youtu.be/r2c6B7KVAMY>.

diabetes e outras doenças, mas essas duas concentram o tratamento que tem de ser dado cotidianamente."

E o corpo humano é caprichoso, segundo a presidente:

> Além disso, você vê criança com asma, com diarreia. Você tem aquelas chamadas doenças... a pessoa pegou uma bronquite, a pessoa tá num tratamento de gripe, que é aquilo que ataca cada um de nós, fora quando a gente tem uma doença mais grave que tem de ir, sim, pro hospital. Nós temos de melhorar também a qualidade do atendimento nos hospitais, mas nós vamos primeiro atacar o grosso. Levar médico aonde não tem, garantir que o médico atenda e trabalhe oito horas por dia.

A gripe ataca a cada um de nós — e nós atacamos o grosso. Simples assim.

A questão da barreira do idioma entre os médicos cubanos e os pacientes brasileiros não preocupava Dilma — porque há tradutores naturais nesse processo. Na festa do segundo aniversário do programa Mais Médicos, em 4 de agosto de 2015, caprichando no dilmês erudito, contou:

> Eu assisti um vídeo, vários dos vídeos que eu assisti ao longo de todo esse processo desses dois anos, mostrava uma pessoa... Aliás, uma senhora de idade que sofria de diabetes e que tinha de viajar a pé, ela viajava a pé umas quatro horas, chegava em outro município para ser atendida e que ela depunha em relação.... Aliás, era uma médica que estava atendendo agora... E dizia, no início: ela não entendia nada, mas depois, com o coração aberto, ela conseguia traduzir tudo que ela dizia. Eu achei muito interessante porque era a introdução de um novo tradutor, que era o coração.

Mas a obsessão pelo médico que apalpa avançou. Para Dilma, essa era a pedra de toque do programa Mais Médicos. Em 3 de outubro de 2013, de passagem pelo Rio Grande do Norte, insistiu na supremacia dessa medicina tátil — usando inclusive seu caso: "Uma das pessoas me disse: 'O médico não me toca.' Ela queria que o médico lá tocasse... porque aquilo que a gente... pelo menos meu médico sempre me apalpou."

A verdade é que Dilma não se toca.

8. Todas as artes do dilmês cabem num pendrive: é a "penacoteca" de Dilma

Houve um tempo em que Dilma Rousseff podia despejar as maiores barbaridades sem despertar suspeitas sobre seu imenso e incontornável despreparo. Natural: ela era uma absoluta novidade no cenário político brasileiro e vinha acondicionada num belo pacote — além de respaldada pela grande popularidade de Lula, era uma ex-militante comunista que combateu o regime militar e superburocrata dos melhores gabinetes do Rio Grande do Sul e de Brasília, temida pela autoridade que impunha a seus subalternos por berros em pessoa, telefones batidos na cara e uma rispidez de capitão de pelotão, e com um grau de exigência e eficiência jamais visto na máquina pública, sem falar no insuspeito doutorado em Economia.

O fato de ser a estreia de uma mulher na linha de frente da corrida presidencial talvez também tenha amenizado a má impressão que forçosamente a candidata deveria causar sempre que abrisse a boca.

Afinal, a par de ser considerada uma intelectual com grande conhecimento técnico e vasta cultura geral, sobretudo em literatura e artes plásticas, tinha também um viés de dona de casa e de mãe, a quem se deviam algumas indulgências. É claro que, com esse perfil, revistas femininas pautaram a novidade Dilma para entrevistas exclusivas. Sem experiência alguma na percepção do dilmês, essas publicações embarcaram sem contestação no papo da candidata que tinha a cultura na alma.

Sob o título "A mulher que quer governar o Brasil", a edição da revista *Claudia* de dezembro de 2009 traçou-lhe o perfil confiando na fantasia de suas respostas. Mas foi no capítulo dedicado ao lado "Dilma da Vinci" da candidata que a mistificação atingiu o status de arte.

"Também gosto muito de pintura e tenho a minha galeria", revelou à fascinada dupla de jornalistas. Descobrir que uma candidata à Presidência da República tem uma coleção própria de pinturas seria, por si só, outra pauta de reportagem. Antes disso, ela já relatara às repórteres sua paixão por música ("Bach e Vivaldi estão sempre comigo") e leitura ("estou na fase dos angolanos", sem que lhe perguntassem que angolanos seriam esses). Enfim, uma ministra ligada às mais altas manifestações do espírito.

Mas uma das moças quis checar a informação que pareceu tão óbvia inicialmente: "A senhora coleciona obras de arte em casa?" A resposta de Dilma deve tê-las deixado atônitas — mas elas ainda não conheciam a Dilma que conhecemos hoje. Provavelmente tomaram por excentricidade o que era apenas uma galeria de araque:

> No computador. Entro nos sites dos museus famosos, como o Metropolitan, acesso as que quero e baixo. Se estou numa fase impressionista, seleciono obras impressionistas. Atualmente, prefiro as japonesas. Para mim, literatura, música e pintura são instrumentos de descoberta. A nossa aventura neste mundo passa por compartilhar a arte. Por meio dela, acesso um pouco a raça humana. Se não tiver essa dimensão, entendo bem menos as pessoas.

Percebe-se que, mesmo copidescada na forma, o conteúdo da resposta é dilmês puro. É realmente impressionante, mais do que impressionista, esse museu virtual da Dilma. Bem transposta para um pendrive, a coleção de Dilma seria a primeira *penacoteca* do mundo.

Bem, essa coleção é dela, ninguém tira — e sequer acessa, pois o computador da presidente é inviolável. Mas, mesmo no caso de pinturas com existência física, os traços de Dilma como crítica de arte são absolutamente grotescos, passando sempre a impressão de que bateu o olho em algum papel antes de ser tentada a preservar o que sobrou do mito dos primeiros tempos — com um permanentemente rombudo crayon de expertise e sensibilidade. Nos últimos seis anos, os exemplos dessa "arte" preencheriam as galerias do Hermitage.

Uma dessas pinceladas surrealistas no mundo real teve a preciosa colaboração da apresentadora Hebe Camargo, que na ocasião "entrevistava" a presidente para seu programa.[16] A matéria se iniciou com um tour guiado — por Dilma, que privilégio — pelo Palácio da Alvorada. E envolveu a pintora Djanira — ou seria Elenira? Foi em março de 2011, quando Dilma completava três meses no poder — tempo suficiente para conhecer a casa nova.

O Alvorada, àquela altura, mereceu da anfitriã uma apreciação meio primitivista, jamais imaginada pelos estudiosos da obra de Niemeyer: "É histórico, é um, vamos dizer, símbolo do que é, eu acho, o espírito do povo brasileiro, que é um espírito moderno, mas ao mesmo tempo muito simples. Esse palácio, se ocê olhá (sic), ele é um palácio bonito, mas ele é simples, ele é tranquilo."

A dupla passa pela biblioteca, que desde Lula só é destrancada para o pessoal da limpeza espanar, e vai cruzando os amplos ambientes. A

---

[16] Para ver a memorável entrevista de Dilma Rousseff a Hebe Camargo: <https://youtu.be/cEm6HrvDANA>.

presidente então aponta para a parede central, dominada por uma pintura de corpos enxundiosos típicos: "Olha ali o outro Di. Olha o outro Di." Chegam então a "uma outra sala, que também é muito bonita", cujo nome não foi indagado pela forasteira nem declinado pela presidente, mas Hebe pelo menos quer saber se ali tem reunião. "Tem. Às vezes a gente faz reuniões. Eu tô mudando pra cá ainda. Eu gosto muito dessa tapeçaria", diz, apontando a parede. "De quem é?", indaga a sempre curiosa Hebe. "É de um tapeceiro muito bom chamado Kennedy." "É da Bahia?" "É da Bahia", confirma Dilma, provavelmente depois de checar o nome do artista na peça, que mais ou menos entrega sua procedência: ele se assinava Kennedy Bahia. E, aliás, era chileno.

Dilma adora o tapete de parede, mas com um parecer artístico que o crítico Mário Pedrosa não endossaria: "Eu acho belíssimo (sic) as cores." Ela é atenta a tudo, não deixa passar nada. Mas a próxima pergunta de Hebe é desconcertante, ao indicar o quadro ao fundo da sala: "E aquele ali, de quem será?" Dilma nem arrisca a resposta: "Aquele ali eu num (sic) lembro", admite a presidente, apertando o passo e espremendo os olhos em direção ao canto direito da pintura, onde os artistas costumam apor sua assinatura. No caminho, especula: "Não é Djanira, não, porque as Djaniras eu catei todas", pensa em voz alta, já cogitando chamar o general José Elito, então seu ministro da Segurança Institucional, para ajudá-la a desvendar o mistério do quadro de autoria desconhecida, que por sinal se parece muito com a obra *Colhendo café*, efetivamente de Djanira. Mas esse não poderia ser dela porque, afinal, a presidente catara todas.

De quem seria esse pseudo-Djanira, que parece Djanira, mas que não poderia ser Djanira por ofício da Presidência?

A presidente aparentemente se aproxima o máximo possível do quadro — a imagem não mostra, mas a lógica sugere que, enfim, conseguiu ler o nome correto do misterioso pintor. "Elenira da Motta e Silva", resolve Dilma num rompante, revelando uma artista desconhecida. Mas, incrível: por coincidência, Elenira tem o mesmo sobrenome da grande artista de Avaré radicada no Rio, que se chamava Djanira da Motta e Silva. Meio segundo depois, a presidente volta atrás, num fulminante fechamento de caso proporcionado por uma leitura mais atenta: "Nããão, Djanira!" "Djanira", gargalha Hebe, incontrolavelmente. A comadre Dilma se consola, compartilhando o engano com Hebe: "Nós duas tamo (sic) ruim de olho, hein."

Após mais uma gargalhada da colega, a presidente pensa em voz alta, de novo: "Engraçado... Tem de avisar que sobrou um Djanira."

Também sobrou Caravaggio no Palácio do Planalto. O problema, nesse caso, é que o grande pintor milanês, se dependesse de Dilma, seria exposto ali completamente anônimo. Explique-se.

A expertise da presidente como monitora de artes, demonstrada na visita de Hebe ao Alvorada, em que Djanira virou Elenira por alguns segundos, então se estenderia a Michelangelo Merisi da Caravaggio, membro do olimpo supremo de pintores de todas as eras.

Em cooperação com o governo da Itália, seis telas de Caravaggio, depois de expostas com grande sucesso em São Paulo e Belo Horizonte, faziam escala em Brasília, mais precisamente no Palácio do Planalto. Uma das razões para essa parada preferencial era que a dona da casa, com sua rica *penacoteca*, se dizia *caravaggista* de carteirinha. Coube a Dilma, é claro, inaugurar a mostra, no dia 10 de outubro de 2012:[17] "Uma exposição dessa ela exige certos cuidados. Nós vamos ver seis obras de um grande, mas um dos maiores pintores, é, não só, que a Itália deu pro mundo."

"Uma exposição dessa ela" é uma das típicas instalações do dilmês reconhecidas à distância. Mas por que Caravaggio no Planalto? "Eu queria dizê (sic) que pra mim é um momento especial porque nós estamos aqui numa obra moderna, original, que é o Palácio do

---

[17] Para ver Dilma Rousseff expor sua condição de *caravaggista*: <https://youtu.be/yeaSZtjN0Ig>.

Planalto. E ao mesmo tempo estamos recebendo seis telas dum dos maiores pintores." Era pouco. Caravaggio mereceria uma resenha da aprendiz de crítica de arte que virara presidente: "Tem gente que diz que ele é do barroco. E eu, pessoalmente, acho que ele é maneirista." Interpretação ousada, mas existe aí um pequeno problema cronológico — em dilmês, sempre há um problema. Caravaggio foi justamente quem deu nova vida à pintura italiana rompendo os artifícios da velha escola maneirista. Por isso, não foi, inquestionavelmente, maneirista, mas barroco.

Mas quem haveria de contestar a anfitriã? E, cá entre nós, não tinha a menor importância se Caravaggio fora barroco, como quer a história, ou maneirista, como Dilma deve ter sido *brifada* antes do evento. O que importa é esta conclusão, até certo ponto revolucionária: "Ele é, sem sombra de dúvida, um grande pintor." E mais: "Eu queria dizê (sic) que ele é um dos pintores que na minha vida mais me impressionaram", como se fosse possível que a tivesse impressionado na vida de outra pessoa. Mais ainda: "Acho que ele tem um, uma própria, a vida dele é altamente dramática e, pra não dizer, em alguns aspectos, trágica. Mas ele foi sempre um grande, um grande [pausa de reflexão]... degustador da vida. E isso tá expresso em cada pintura que ele nos legou."

Surpresa: o homem inconvivível, que andava de cidade em cidade procurando briga, agredindo e sendo espancado, e que morreu aos 39 anos, da soma dos flagelos que recebeu, era um "degustador" da vida, na visão de Dilma.

No fim, apesar do momento festivo, não podia faltar uma bronca da dona da casa ao curador da mostra: "Lamento, viu embaixador, que a que eu mais gosto não tenha vindo, que é o *Cupido adormecido*."

Sorte do Cupido, certamente uma das atrações de sua *penacoteca*.

A mostra de Caravaggio no Palácio do Planalto, independentemente do grau de conhecimento da monitora sênior, foi uma beleza. Mas, espere: há algo de positivamente errado nesses três minutos e tanto em que Dilma discorreu com brilho sobre o artista: ela não mencionou uma única vez o nome de Caravaggio. Nem certo, nem errado. Nenhuma vez. Será possível que, na história da República, um presidente tenha inaugurado alguma coisa ou homenageado alguém sem mencionar o nome próprio da coisa ou da pessoa?

O dilmês é sempre surpreendente, sobretudo quando faltam palavras.

É o dilmês sempre fazendo arte — e isso significa, de quando em quando, tentar trazer à tona a imagem da mulher preparadíssima, sobretudo nos aspectos mais elevados do espírito humano, que alguns compraram e ainda compram fiado.

No primeiro mandato de Dilma, eventos artísticos no Palácio faziam parte dessa agenda fantasiosa — que abarcaria também seus devaneios antropomágicos em torno de caxirolas, mandiocas e folhas de bananeira. Naquele 25 de março de 2011, o Palácio do Planalto foi cenário lúdico para o casamento perfeito entre esses exercícios antropológicos toscos e imaginários da presidente e o melhor da arte brasileira: a mais valiosa e provavelmente mais conhecida das telas brasileiras, *Abaporu*, de Tarsila do Amaral, era exposta ali, dezesseis anos depois de levada para a Argentina pelo colecionador Eduardo Costantini, que a arrematara em 1995, num leilão da Christie's, em Nova York, por um recorde na época: US$ 1,25 milhão. Hoje o quadro vale pelo menos dez vezes mais.

Mas, quando se conhece o assunto, é outra coisa: a curta fala presidencial foi uma aula magna sobre a arte brasileira, em que Dilma refundou, com seu estilo, a escola do expressionismo abstrato.[18] "Queria comprimentá (sic) os brasileiros e as brasileiras que

---

[18] Para ver o discurso em que Dilma reflete sobre o quadro *Abaporu*: <https://youtu.be/--68kD0mpc8M>.

estão aqui", começou ela, em sua típica saudação *abaporuniana*. "O *Abaporu* ele tem uma simbologia toda especial para nós brasileiros. E a presença dele aqui se deve a esse espírito que geralmente é de generosidade de todos aqueles que querem ver a arte exposta e não trancada entre quatro paredes."

Talvez a presidente não tenha usado o termo adequado — o que acontece com alguma frequência. Museus têm quatro paredes. A *Mona Lisa* está trancada entre quatro paredes. Se não estivesse, seria um perigo. *Abaporu* está exposta entre as quatro paredes do museu fundado por Costantini, o magnífico Malba, em Buenos Aires.

A nova exposição palaciana não se resumia a Tarsila, mas contemplava outras quarenta artistas brasileiras — incluindo, de novo, Djanira/Elenira. E, dela, justamente aquele *Colhendo café*, que já dera tanta confusão no programa da Hebe. Confirma Dilma: "Também dei minha contribuição: cidi (sic) o quadro de Djanira que estava no meu, no meu escritório."

Mas é claro que a tela célebre de Tarsila era a grande atração da mostra — e certo também que não resistiria a um manifesto antropofágico de Dilma Rousseff, daqueles que canibalizam a forma, a lógica e o sentido das palavras:

> Nessa exposição tem uma avaliação a respeito da cultura, a respeito da arte dos homens. Eu queria lembrar que *Abaporu* quer dizer homem que come gente, homem que come homem, no sentido do nosso movimento antropofágico, que é a nossa capacidade de absorvê (sic) o que tem de universal em todas as culturas e metabolizá (sic) no particular. É a saída do particular ao universal que eu acho que as mulheres também foram capazes muito bem de representar, como vocês vão ver aqui.

Humm, absorver o universal e metabolizar no particular... A saída do particular... A cabecinha de *Abaporu* talvez não alcançasse essas ideias — e deve ter ficado inchadinha. Meses depois, querendo homenagear Dilma, o artista plástico Gustavo Rosa faria uma "releitura" do *Abaporu* — com o rosto de Dilma no lugar da cabecinha. Nada mais realista, mas pegou mal.

Em seu retorno ao Brasil, *Abaporu* possivelmente se chateou ao saber que, para a presidente de seu país, representava aquele amontoado de bobagens pintadas por ela. Nessa ocasião, porém, pelo menos Dilma estava em sua casa, e falando de um nativo, ao reduzir a cabecinha do gigante de Tarsila às medidas da sua.

Foi pior quando, de partida para uma viagem ao México, em entrevista ao jornal *La Jornada*, em 24 de maio de 2015, Dilma cismou de fazer média com artistas mexicanos e, em vez de discorrer sobre a manjada Frida Kahlo, optou por perfilar uma contemporânea dela, a grande Remedios Varo, pintora surrealista e anarquista espanhola que fugiu para o México quando vivia na França, então invadida pelos nazistas.

Como Remedios entrou na conversa com a jornalista mexicana?

Foi quando a repórter quis saber o que Dilma sabia do México — e Dilma, como se sabe, é perita em mostrar as coisas que não sabe, fingindo saber. Falaram de antigas civilizações e então chegou a vez de a presidente exibir sua familiaridade com os astecas: "Os astecas, eles dominaram civilizações que tinham em torno. Inclusive isso explica, em parte, a questão de eles terem, dos espanhóis terem conquistado ali, a cidade do México, e aplastado, porque aplastaram."

Uma dúvida: teria Dilma usado mesmo a palavra aplastar (enfrentar, derrotar), ou ela veio no pacote da tradução feita pelo jornal?

De qualquer forma, depois da aula sobre antigas civilizações mexicanas, voltamos aos dias de hoje: o que Dilma gostaria de visitar em sua próxima visita ao México? A presidente contou na entrevista ao *La Jornada*:

> É, me perguntaram isso e eu, primeira coisa que eu disse era o Museu Antropológico. Mas depois me falaram duas coisas, que aí, aí eu estou balançando, porque o museu eu já conheci, porque depois eu voltei e tornei a olhar, tornei a ir no museu, porque não dava tempo, era... para mim foi muito importante. Eu queria ir no... eu queria ver uma exposição, ou onde tem as pinturas de uma mulher que foi da época da Frida Kahlo, chamada Remedios — se eu não me engano — Varo.

Sim, é vero: Remedios Varo. Seu quadro mais famoso — *Naturaleza muerta resucitada*, pintado no ano de sua morte, 1963 — mereceu de Dilma, diante da estupefata repórter, uma resenha pra lá de surrealista, literalmente transcrita pelo Portal do Planalto, inclusive nas reticências:[19]

> E tem uma, tem uma pintura dela que eu acho genial, é... como é que é? Natureza Morta... Ai, eu tinha de lembrar a palavra. Natureza Morta... é uma contradição em termos: de que que é o quadro? É uma natureza morta? Rodando, você entendeu? É o *stand still* a Natureza Morta, aí a Remedios Varo vai lá e faz... ela bota uma mesa e os componentes da natureza morta estão girando. O nome é interessantíssimo. O nome tem uma certa, uma certa ironia.

Surrealismo puro, não? Seria um título irônico, sim — mas só se Dilma soubesse precisar o nome todo do quadro, com o "ressuscitada" contrastando ironicamente com a natureza morta. Você

---

[19] Para ler a entrevista de Dilma Rousseff ao mexicano *La Jornada*: <http://www2.planalto.gov.br/acompanhe-o-planalto/entrevistas/entrevistas/entrevista-concedida-pela-presidenta-da-republica-dilma-rousseff-ao-jornal-la-jornada-brasilia-df>.

entendeu? Uma Natureza Morta rodando numa mesa "botada" por Remedios?

A descrição soa como a de uma criança de nove anos que tivesse ido visitar a tela no Museo de Arte Moderno do México. Não há dúvida, no entanto, de que Dilma é uma *remediana*: "E ela tem também um que é: Tecendo... Eu não vou lembrar os nomes. Tecendo o Fio do Tempo, uma coisa assim. E lá em cima uma porção de mulheres tecendo o tempo e a realidade. Ela é... A Remedios Varo é..."

Sim, é. Remedios Varo, entre outras coisas, é autora também de *Tecendo o mundo terrestre*, essa pintura que não ocorreu a Dilma. Nada ocorre a Dilma.

Nomes e palavras lhe são eternos problemas. E quando o assunto é letras, o dilmês alcança seu estágio mais sombrio.

9. Dilmês: um serial killer das letras alheias

Sim, um dia Dilma Rousseff teve um guru virtual. Chamava-se Marcelo Branco e era um cinquentão que parecia ter caído do caminhão de Woodstock com quarenta anos de atraso. Já vivíamos, naquele ano de 2009, o ponto de não retorno das mídias sociais aplicadas ao marketing político. É nessa nuvem que surge o nefelibata Marcelo, oficialmente designado "coordenador de redes sociais na internet" da pré-campanha da ministra-chefe da Casa Civil. A burocrata de pisada dura, apesar de sua deslumbrante cultura humanista, precisava de uma atualização nessa nova linguagem da moçada do universo virtual, para se comunicar com o eleitorado de plantão na rede.

Foi Marcelo quem, ao vivo, na página da pré-campanha, a fez enviar aquela definitiva, e hoje lendária, saudação: "Oi, internautas."

E, em sua segunda ação virtual em prol da candidata, foi também de Marcelo a iniciativa de estabelecer as diferenças de formação entre Lula e Dilma — aquele, um analfabeto funcional, que sabe ler e escrever, mas não lê nem escreve; esta, uma consumidora voraz de livros, que tem uma biblioteca na cabeça e outra na cabeceira da cama. Câmara acionada, foco em Dilma, ouve-se uma voz masculina ao longe: "Livros." Ela pega o mote e repete, quase junto com ele:

"Livros. Bom, livros, né? Eu estou leno (sic) um livro, que está me fugino (sic), eu tentei falá (sic) um pouco sobre a novela pra vê se eu lembrava o nome do livro e não lembro..."

Diversos mistérios na primeira parte dessa resenha. O principal deles: de todos os livros que poderia citar, já que lê tanto, Dilma cisma de falar justamente do que acabou de esquecer? Aliás, para onde o livro está fugindo? Outro mistério: de que novela fala Dilma? E falava da novela com quem? Por que tal novela a ajudaria a lembrar do que não sabe que esqueceu?

Espere um segundo: o livro já vai voltar. O autor ressurge primeiro, como um soluço: "Do Sándor Márai." É um jornalista e escritor húngaro, autor de 46 livros, a maioria romances, que a Companhia das Letras resgatou para o Brasil a partir de 1999. Aliás, o primeiro — e o que mais vendeu — foi justamente o livro cujo prosaico título, com apenas duas palavras, Dilma ainda tentava buscar no recôndito de seu vasto acervo livresco: "O livro chama... As...As... *As brasas*! É, *As brasas*", exulta.

A memória se recompôs de súbito? Não exatamente. Bem no início, no canto do vídeo tosco, é possível ver uma das moças da equipe, abaixada, cochichando com a assessora sentada ao lado da pré-candidata, assim que as brasas de Márai começam a teimar em não acender. Dilma, sem disfarçar, parece procurar o nome que caiu ao chão, baixando a cabeça. O que ela tenta sintonizar, porém, é a voz que se escuta um milésimo de segundo antes daquele momento imemorial do "As, As... *As brasas*". É a assessora soprando *As brasas*.

Ok, Dilma estava lendo *As brasas*, de Sándor Márai. Já que o mencionou, seria interessante fazer uma microrresenha que justificasse a leitura e a lembrança. Em dilmês? Sim, só poderia ser em dilmês: "É talvez uma das... assim... me... me impacto (sic) muito."

Uma devoradora de livros é assim: mal se lembra do livro que está lendo e... Já o engoliu: "Eu concluí ele ontem à noite rapidinho, porque eu consigo lê (sic) no domingo."

Esses 51 segundos desoladores já seriam suficientes para, naquele momento de lançamento da pedra fundamental da candidata de Lula na praça, colocar muita brasa no grau de desconfiança dos brasileiros em relação ao nível de crédito de Dilma Rousseff — rebaixando sua nota de apregoada eficiência ao *grade* mais baixo da tabela: em moratória.

O desempenho da candidata na tentativa de lembrar o título de um romance lido "rapidinho" na véspera e sua absoluta incapacidade de explicar em que e por que, àquela altura decisiva de sua carreira pública, o livro sobre dois amigos húngaros que se reencontram depois de 41 anos a "impactô" tanto já eram indícios substanciais de sua dificuldade em captar, fixar informações e processá-las. São requisitos indispensáveis para quem pretende chegar à Presidência da República, para cujo exercício se exige a leitura plena, o entendimento integral e uma absorção cabal do conteúdo de projetos, estudos, documentos, laudos, relatórios, literatura pertinente etc.

Porém, incrível, apesar de uma sucessão de episódios vexatórios, após esse constrangimento todo ao recuperar fragmentos de algo que supostamente acabara de ler, sua fama de "devoradora de livros" continuaria intacta por uns bons anos — e por umas boas pataquadas. Ainda está para se descobrir o ponto forte de Dilma com as palavras. Mas não é, em absoluto, o das citações alheias.

Se ela é um desastre irreversível tentando combinar os vocábulos que brotam de sua própria estrutura mental, quando as palavras vêm dos outros se tem a iminência de um naufrágio vernacular de gravíssimas proporções.

Um dos primeiros soçobros envolveu Fernando Pessoa e Ulysses — não o Odisseu da mitologia grega, mas o do PMDB mesmo. Juntar figuras que nada têm a ver uma com a outra é — essa, sim — especialidade do dilmês.

Naquele 11 de junho de 2010, na celebração da aliança com o PMDB, que resultou na escolha de Michel Temer como seu vice, Dilma fez uma patética "homenagem" a históricos peemedebistas. Na hora de falar de Ulysses Guimarães, atribuiu-lhe a autoria da expressão "Navegar é preciso". Que, aliás, segundo ela, era parte de um poema. Ulysses Guimarães, o poeta da abertura: "Esse verso de Ulysses mostrava que, sobretudo, mesmo quando a esperança é pequena, a coragem das pessoas tem que levá-las a andar."

Verso? Ulysses? Mostrava? Levá-las a andar? Eis aí, numa única frase, uma amostra exemplar de que a desarticulação de Dilma pode alcançar mais de vinte séculos, cobrir os dois hemisférios, a história, a literatura, a política e vários outros segmentos do conhecimento humano. Os peemedebistas saíram da convenção esfregando as mãos. Mas o general Pompeu, na poeira do tempo, Fernando Pessoa, no Mosteiro dos Jerônimos, e Ulysses Guimarães, no fundo do mar, ficaram revoltadíssimos. De quebra, no Leblon, Caetano Veloso, que utilizou a máxima de Pompeu na letra de "Os argonautas", chegou a repensar seu voto em Dilma. Com uma única frase, ela conseguiu revoltar esses quatro monstros sagrados, da Roma antiga ao Leblon.

O general Pompeu, que morreu 48 anos antes de Cristo nascer e tinha sido lindamente homenageado no século XX por Fernando Pessoa, lamentaria não estar morto o suficiente: sua célebre exortação de guerra aos marinheiros romanos na luta contra os piratas do Mediterrâneo — *Navigarenecesse; vivere non est necesse* — fora usurpada para servir de mote a uma aliança política do jaez de PT-PMDB, que daria no que deu. Ainda por cima transformada em "verso" — e usada pela metade. Ulysses Guimarães trouxe-a para a política, no sentido de que navegar exige precisão. Viver, porém, não é uma ciência exata — exige sobretudo coragem na hora de escolher a rota certa e assumir riscos. Mas o "verso", claro, não era seu.

Dilma não é precisa. E o Brasil não precisava de Dilma.

*

Ainda influenciada por seu guru virtual, a candidata — leia-se talvez o próprio Marcelo — começou a tuitar. Ao embarcar em campanha para o Ceará, no dia 12 de abril de 2010, arou a terra no Twitter: "Me comovi com o *Quinze* de Raquel de Queiroz. Meu primeiro contato c/ dura realidade da seca e impulso p/ lutar contra a desigualdade."

Ok, a comoção de Dilma se deu com a leitura de o *Quinze* de Raquel de Queiroz — não com *O Quinze*, de Rachel de Queiroz, como deveria ter sido. Mas o que seriam esses errinhos quase imperceptíveis, ao citar seus autores favoritos, diante de uma frase de lavra própria, naquela noite, na Câmara Municipal de Fortaleza, onde recebeu o título de cidadã fortalezense?[20] Uma frase da mesma estirpe dos grandes escritores cearenses, como José de Alencar e a própria Rachel: "O Brasil sempre olhou o Nordeste com olhos brasileiros. É chegada a hora do Nordeste olhar pro Brasil com olhares nordestinos."

Apesar das afrontas do dilmês em qualquer contexto em que fosse invocado, os olhares da mídia em direção a Dilma ainda eram mistificadores. A fama de leitora compulsiva pegava até avião. "Dilma Rousseff não viaja se não tiver três livros na bagagem", avisou a repórter Catia Seabra, enviada especial da *Folha* à Alemanha, na edição de 10 de novembro de 2010, confiando cegamente em sua fonte — no caso, a própria Dilma. Ela foi à Alemanha junto com Dilma, e o dilmês foi de carona. A jornalista viajou na primeira classe da TAM para Frankfurt, escala para Seul, destino final de Dilma, por intermináveis onze horas, ao lado da presidente eleita — que ainda voava em aviões de carreira.

O "três livros na bagagem" poderia ter sido apenas uma força de expressão da repórter — aliás, um surrado clichê jornalístico. Nada mais adequado, contudo, à dobradinha oculta Dilma-livros. Mesmo porque a jornalista voltaria à fantasia no final de sua crônica aérea:

---

[20] Para ver o discurso de Dilma em Fortaleza: <https://youtu.be/1B7L9gD1xqU>.

"Na bagagem, carrega um iPad e três livros." E *aspeando* Dilma: "Se eu não tiver três livros, sei lá. Não fico bem."

Uma dúvida: ela se contentava apenas em "ter" os três livros na bagagem? Ler não estava nos planos de viagem? E o que significa esse "não fico bem"? Será que, para Dilma, livros em viagem têm o mesmo efeito daqueles paninhos de estimação que crianças carregam para baixo e para cima e sem os quais não dormem?

De qualquer forma, como a repórter não conta ter visto a presidente sequer folheando um dos três anônimos livros-paninhos durante as onze horas de voo, eles talvez tenham mesmo apenas uma função terapêutico-cognitiva: Dilma precisa saber que estão lá, "na bagagem", para "ficar bem".

O problema é que a repórter, no penúltimo parágrafo de seu relato, menciona, *en passant*, ter visto a trilogia ao lado de cremes e maquiagem — mas não é que se esqueceu de perguntar os títulos dos três livros trazidos por Dilma em sua primeira viagem internacional como presidente eleita? Não seria um dado fundamental da matéria? O que a presidente eleita em tese estava lendo? Que autores a influenciavam? Nenhuma palavra saltaria desses "três livros na bagagem".

A jornalista preferiu puxar conversa com Dilma sobre seus genéricos hábitos de leitura, aérea ou terrestre. E resumiria assim as preferências presidenciais: "Dilma enaltece autores angolanos [de novo sem mencionar nomes], rasga elogios ao belga Georges Simenon e admite que dormiu na segunda página de um livro do mexicano Carlos Fuentes."

Georges Simenon assinou 190 livros e 154 novelas, e escreveu, sob uns vinte diferentes pseudônimos, mais uns 150 romances — Dilma bem que poderia citar um só. Quanto a Carlos Fuentes, diplomata mexicano com status intelectual para dar aulas em Harvard, Princeton e Cambridge, deve ser mesmo um sonífero para passageiros como Dilma — será essa, aliás, a função terapêutica dos três livros que a presidente eleita leva a bordo?

Talvez para corrigir a falta de curiosidade da repórter aérea em levantar os títulos dos três livros-paninhos naquela viagem, a *Folha* voltaria à personagem de ficção — a superleitora Dilma — na edição de 26 de dezembro de 2010, a cinco dias de sua posse. Dessa vez num texto do competente Fernando Rodrigues, um dos melhores repórteres políticos do país. Na véspera da posse, compreensivelmente, seria contraindicado, mesmo se fosse o caso, desmistificar a iminente — se não eminente — primeira mulher a chegar à Presidência. Com o título de "Dilmoteca básica", a matéria ia fundo nas preferências literárias de Dilma. Um grande risco.

A tese central da reportagem — "De todas as diferenças entre a presidente eleita e seu antecessor, uma das mais marcantes é a sólida formação literária da próxima ocupante do Palácio do Planalto" — é desmentida a cada linha do texto. Mas as paixões literárias da presidente são tantas e tamanhas que, a certa altura, ela revela a Fernando que chegou a pensar em comprar uma casa só para guardar seu "acervo". José Mindlin era mais modesto: o maior bibliófilo do país morava na própria casa onde mantinha seus 30 mil livros.

Entre tantas sandices, Dilma fala até de Proust. E, para provar que leu o monumental *Em busca do tempo perdido*, faz referência às... madeleines, única coisa que quem nunca leu Proust sabe sobre Proust. "Gostei do Proust para mais de metro", diz a bibliófila métrica-mineira. Mas, eclética, vai logo de Paris a Ilhéus, das madeleines ao cacau: "Também adorei, aos 13 anos, quando meu pai me deu o Jorge Amado." Oi? Como assim, "o Jorge Amado"? Ela explica: "Foi *Capitães da areia*, *São Jorge dos Ilhéus*, todos os outros." Ou seja: a obra toda do autor.

Imagine-se a cena: Belo Horizonte, 1960 — Dilma tinha 13 anos, ainda usava laçarotes na cabeça e Jorge Amado já escrevera onze títulos. Petar Roussev chega em casa equilibrando-se atrás de um pacote de livros, "o Jorge Amado" completo. Dilma garante ter sido uma menina de paixões literárias arrebatadoras, ecléticas. "Amei de paixão o Machado de Assis ['o' Machado significando, claro, toda a obra dele], mas também o Monteiro Lobato." Para não deixar dúvida sobre o Lobato a que se referia, explicou: "A Emília, o Pedrinho, a Narizinho, o Visconde, a Cuca", a turma toda. Até hoje: "Eu compro muito livro, sempre mais do que consigo ler. Tenho aquela teoria de que estou fazendo um estoque (...). Vai que aconteça alguma coisa e eu não tenha condição de ficar comprando livro? Então, eu estoco."

O melhor do estoque foi guardado para o final. O texto relata que Dilma, em viagem à China com Lula, fez uma demanda *sui generis*: "Enchi a paciência do embaixador para me dizer qual era o romance chinês equivalente aos romances nossos. Qual é o Charles Dickens deles. Qual era o Balzac, o Flaubert, o Shakespeare." O senhor embaixador deve ter indicado alguma coisa: Dilma contou a Rodrigues ter trazido para o Brasil um catatau local traduzido para o inglês. Três volumes. "Mas o diabo não era isso. Eram os nomes dos personagens." Dilma estranhou aqueles nomes esquisitos: "Temos uma baixíssima familiaridade com nomes chineses", surpreendeu-se ela. Mas Dilma não se apertou, porque tinha uma estratégia: "Você anota todos os nomes num papel para não se perder totalmente."

Só um pouco.

Não se conhece bem a extensão do mal que o dilmês deve ter perpetrado contra autores chineses nessa transcrição dos ideogramas. Contra as nossas letras, em língua portuguesa, ele já fez grandes estragos. Começando por Luís de Camões — maior poeta do idioma. Em 12 de junho de 2013, Dilma tomou-lhe emprestado aquele que talvez seja o mais camoniano de seus personagens: o Velho do Restelo. E o pretexto não foi algum projeto do governo para a terceira idade — mas o Minha Casa Melhor, que iria financiar eletrodomésticos e móveis para os usuários do Minha Casa, Minha Vida. Que diabos Camões tinha a ver com isso?

Nos primeiros minutos de discurso,[21] é a Dilma que conhecemos — para os que já a ouviram mais de uma vez, o dilmês soa tão familiar quanto a voz brasileira de Fred Flintstone. Tenta, de novo, convencer as pessoas da importância da casa: "Ela reforça laços fundamentais numa sociedade sob todos os aspectos. Laços afetivos, mas laços... os principais laços comunitários e a base dos laços sociais."

O Velho do Restelo — atenção, promotores do Estatuto do Idoso — se prepara para entrar em cena, dublado em pavoroso dilmês, para servir de exemplo a não ser seguido pelos brasileiros no permanente combate de Dilma aos pessimistas do Brasil Maravilha, que começavam a dar as caras em 2013. O velho está na praia do Restelo, balançando a cabeça em sinal de desaprovação, acompanhando a partida da primeira caravana náutica de Vasco da Gama à procura das Índias, em *Os Lusíadas*.

Mas ouçamos Dilma descrever a sua versão desse "pessimista de carteirinha", relembrando recente viagem a Portugal:

> Eu passei, novamente, por um lugar muito especial na história da nossa própria língua, que é as margens do Tejo. No Tejo tem uma praia que é a tal da praia do Restelo e o Camões tem um personagem — o Camões que foi aquele, o primeiro grande poeta da globalização, da primeira globalização que foram os Descobrimentos — ele tem um personagem que fala a respeito dos descobrimentos, que é o Velho, o chamado Velho do Restelo.

Na verdade, segundo os críticos — e nossa Cleonice Berardinelli é a maior dos *camonianos* vivos —, o Velho do Restelo representa, no poema épico, aqueles que contestavam o que parecia ser a tresloucada aventura portuguesa na Índia. O discurso do velho simbolizava, naquele contexto, uma posição racional, fruto do bom senso e da

---

[21] Para ver Dilma destroçar Camões: <https://youtu.be/dejB7QNTP_Y>.

experiência, a favor de uma política de fixação à terra, antagônica à política de expansão. Mais do que ser apenas o pessimista de plantão que, em certa medida, quebraria a cara com o êxito dos descobrimentos, há quem sustente que o Velho do Restelo seja o próprio Camões, trazendo a luz da razão para os valores do humanismo, diante da despedida para o incerto, como nestes belíssimos versos:

> *Em tão longo caminho e duvidoso,*
> *Por perdidos as gentes nos julgavam;*
> *As mulheres c'um choro piedoso,*
> *Mães, esposas, irmãs, que o temeroso*
> *Amor mais desconfia, acrescentavam*
> *A desesperação e frio medo*
> *De já nos não tornar a ver tão cedo*

Bem, esse é o Velho do Restelo de Camões, muito prazer. E o de Dilma, agora transformado em oposicionista mais nocivo que o jovem Aécio?

> Era um velho que ficava parado na praia dizendo o seguinte, para aqueles que iam entrar nas caravelas e se fazerem, atravessarem todo o Tejo até chegar ao mar e se fazer ao mar, atravessando o Atlântico e chegando às Índias ou ao Brasil. Esse velho ficava sentado na praia azarando, azarando.

Mas de que modo esse velho babão descrito por Dilma fazia "azaração" contra os navegantes? Ela penetra na cabeça do Velho:

> O que o Velho dizia? O Velho dizia o seguinte: "Não vai dar certo", "não vai dar certo". E, além de dizer que não ia dar certo, ele dizia que aquilo era uma manifestação de vã glória, ou seja, era uma manifestação de vaidade e um impulso errado, um impulso para o desconhecido e para a derrota.

Consta que Camões precisou de dezesseis anos para compor os dez cantos e as 1.102 estrofes de *Os Lusíadas*. Colocou o mel amargo da poesia do ceticismo na boca do Velho do Restelo, que talvez falasse por ele próprio. Dilma conseguiu fazer um célebre personagem de Camões repetir um bordão com pinta de Zorra Total naquele momento seminal da civilização. Imagine: as naus estufando suas velas para ganhar o mar da história e o velhinho, ranzinza que só ele, praguejando: "Não vai dar certo, não vai dar certo."

Bem: a tal "vã glória" de Dilma — aliás, que poeta cometeria esse cacófato? — também é um pouco diferente em Camões, nesse que é um dos mais belos versos da língua portuguesa: "Ó glória de mandar! Ó vã cobiça / Desta vaidade, a quem chamamos Fama!"

Para Dilma, o Velho do Restelo não é apenas um personagem de Camões, mas um estereótipo: é o gene mais ancestral da oposição brasileira, aquela que vive dizendo que o Brasil Maravilha não deu e não vai dar certo:

> O Velho do Restelo, ele é um personagem que encontra eco através da história. Em toda — e durante muito tempo — em toda a história do nosso país, muitos Velhos do Restelo apareceram nas margens das nossas praias. Hoje, o Velho do Restelo não pode, não deve e, eu asseguro pra vocês, não terá a última palavra no Brasil. Esse programa é mais um som contra o Velho do Restelo.

Talvez o som de uma lavadora de roupas do programa Minha Casa Melhor — hoje, semidesativado — tentando abafar os 93% de aliados do Velho do Restelo.

Se o personagem de Camões foi censurado por Dilma por estimular o pessimismo, Nelson Rodrigues — uma espécie de Velho do Refestelo — foi usurpado por seu proverbial otimismo. Mas, também por isso, tornou-se outra vítima preferencial do dilmês. Como diria Zózimo Barroso do Amaral, não convidem Dilma Rousseff e Nelson Rodrigues para a mesma frase.

Se há alguém que não mereceria cruzar com o dilmês nos palanques da vida, seria ele — frasista impecável, irrepreensível, que não pode ter uma vírgula trocada de lugar para continuar sendo Nelson Rodrigues. Mas o choque foi inevitável, em período de obras aceleradas, ou atrasadas, para a Copa. Ao citar o cronista esportivo a quem ela chamava nas entrevistas de "saudoso fluminense", Dilma o vilipendiou várias vezes, atribuindo-lhe frases que não seriam cunhadas por Tiririca.

Na preparação para a Copa, e ninguém escreveu melhor sobre a pátria em chuteiras ("de chuteiras", segundo Dilma) do que Nelson Rodrigues, ela o tratou muitíssimo mal, a caneladas. Entradas de cartão vermelho direto. Quando os dois se encontram num único período, máximas lapidadas sílaba a sílaba pelo frasista primoroso saem mancando, distendidas, fraturadas. Até o épico "Complexo de vira-latas", expressão com a qual o genial cronista contestava o pessimismo generalizado em torno das chances da seleção brasileira na Copa da Suécia, foi usurpado pelo dilmês.

A presidente o utilizou para dar uma cotovelada no negativismo dos críticos em relação ao sucesso da Copa no Brasil. Numa coletiva de imprensa, indagada por um repórter sobre se a suposta exclusão da Arena da Baixada, com obras atrasadíssimas, não seria um vexame para o Brasil, Dilma engatou um "meu querido" imaginário e soltou: "Ô gente, pelo amor de Deus! Não vamos fazer... Esse é o tipo da pergunta que mostra aquilo que o Nelson Rodrigues dizia: 'Não é possível apostar no pior.'"

No fundo, Dilma até que tinha razão: a Arena do Paraná ficaria pronta para a Copa, sem maiores problemas, contrariando os que apostavam no pior. Mas será que Nelson dizia mesmo "Não é possível apostar no pior"? Dizia quando? Mesmo quem não é expert em

Nelson estranhará que o cronista que escreveu "no Maracanã, vaia-se até minuto de silêncio", ou "na vida o importante é fracassar", tenha cunhado uma frase tão murcha. Primeiro, porque sempre é possível apostar no pior — ou no Jockey Club não haveria azarões. Segundo... porque não parece Nelson. A frase não é redonda, não é lapidar, não é autodepreciativa, como "o brasileiro é um feriado", não é... Nelson Rodrigues.

Alguma hipótese de ele nunca ter dito isso? Em tese, não. Afinal, a frase foi citada pela presidente da República — e os jornalões do dia seguinte a reproduziram sem o menor questionamento quanto à autoria. Algum risco de Angela Merkel colocar coisas na boca de Brecht para abrigar os refugiados árabes? Obama inventar um pensamento de Norman Mailer para referendar sua proposta polêmica de seguro-saúde? Claro que não. A presidente Dilma, apesar dos pesares, não faria isso.

Mas, no mínimo, era o caso de desconfiar. Para tirar a dúvida, fiz uma providencial consulta a Ruy Castro, magistral biógrafo de Nelson e organizador de sua obra completa: há alguma frase dele remotamente similar a "Não é possível apostar no pior"? A resposta foi incontinente e definitiva: "Para fazer o livro *Flor de obsessão — as 1000 melhores frases de Nelson Rodrigues*, naturalmente consultei milhares de textos de Nelson. Afinal, de quantas se tiram as mil melhores? E nunca vi nem sombra dessa frase."

A cronista Dilma Rodrigues, entretanto, estreou com enorme repercussão. "Não é possível apostar no pior" passou à história imediatamente como uma frase de Nelson Rodrigues citada pela presidente do Brasil. Em setembro de 2015, aparecia nada menos que 173 mil vezes no Google.

E Nelson poderia, ele sim, apostar no pior, vindo de Dilma. Em 12 de março de 2014, a serial killer das letras colocaria mais uma frase-fantasma na boca do escritor, ainda pior, a pretexto, de novo, de combater o pessimismo.[22] Foi numa cerimônia para concessão de lotes de rodovias federais. "Eu aproveito e uso de uma imagem feita pelo grande Nelson Rodrigues que dizia que os pessimistas fazem parte da paisagem assim como os morros, as praças e os arruamentos."

Bem, se Nelson Rodrigues tivesse um dia dito isso, e cometido a pachorra de usar a palavra "arruamento", seria ele o cretino fundamental de suas crônicas. Lógico que não o disse, confirma de novo o biógrafo Ruy Castro: "Mais uma do Nelson que a Dilma me ensina. Que textos do homem ela andará lendo e que me escaparam em exatos 59 anos como leitor dele?"

Dilma gosta muito de citar seu conterrâneo, o "poeta" Guimarães Rosa. Citar é modo de dizer. Ela o reforma, sistematicamente, para compor o seu *Grande sertão: dilmês*.

Em março de 2011, na famosa entrevista a Hebe Camargo, Rosa apanhou feio da Diadorim do Planalto: "Tem uma frase bonita do João Guimarães Rosa, que disse: 'Deus existe mesmo quando não se acredita nele.'" Não, esse Deus não existe na obra de João Guimarães Rosa — que um dia escreveu lindamente, sem ensejar a alteração de uma única letra: "Deus existe mesmo quando não há." Em dilmês, não há mesmo.

O dilmês, o idioleto-fenômeno falado pela presidente, deforma não só o que é como o que nunca foi. O que é pior?

Há alguns meses, Dilma enviou um bilhete ao acadêmico Ivan Junqueira, divulgado pelo Palácio para requentar o pendor da presidente pela alta cultura, depois de supostamente ter lido seu

---

[22] Para ver Dilma Rousseff massacrar Nelson Rodrigues: <https://youtu.be/WqMVz2Zf-rk>.

livro *Poesia reunida*. Esse bilhete, aliás, é uma das quatro únicas manifestações escritas do dilmês conhecidas, como se verá adiante. Escreveu a presidente: "Meu caro Ivan, a vida, como você escreveu, é pior que a morte; acreditar nisso nos dá força para compartilhar cultura e construir um país melhor..."

Espere: a vida é pior que a morte? Claro que não. Era Dilma atribuindo ao refinado Ivan Junqueira uma frase de bilhete de suicida iletrado. Em "A sagração dos ossos", um dos poemas de *Poesia reunida*, há os seguintes versos:

> *Sagro estes ossos que, póstumos,*
> *recusam-se à própria sorte,*
> *como a dizer-me nos olhos:*
> *a vida é maior que a morte.*

A vida é maior, não pior, que a morte — graças a Deus e ao poeta.

Na verdade, quem sempre aposta e investe no pior é Dilma Rousseff. E o mundo também logo descobriria isso.

10. Papéis secretos do governo Dilma: os únicos escritos conhecidos em dilmês

O que a presidente Dilma fala não se escreve — em mais de um sentido da expressão. No senso figurado, do que se consegue captar deles, seus discursos sempre têm o maior índice de promessas ocas e afirmações vãs por sentença quadrada. Não devem ser postos no papel — e, se forem, na forma de projetos mirabolantes, jamais sairão dele. No sentido gráfico desse aforismo, também não se deve, e até nem se pode, colocar o dilmês no papel: é gravíssimo o resultado documental da transcrição *ipsis litteris* das falas públicas da presidente, que está no Portal do Planalto,[23] na coluna da esquerda, "Acompanhe o Planalto", "Discursos".

Ali está registrado, com todas as letras, pode-se dizer literalmente-literalmente, a farta comprovação para a posteridade de que tivemos, por dois mandatos, uma presidente da República incapaz de se expressar sobre rigorosamente qualquer assunto. Todos os textos-maçarocas dessa seção do portal, com exceção dos relativos aos raros discursos lidos por Dilma ao longo de seu governo,

---

[23] O endereço eletrônico do Portal do Planalto: <http://www2.planalto.gov.br/>.

documentam historicamente, a quem se dispuser a estudá-los, uma gravíssima deficiência de domínio do tema em questão, raciocínio e articulação — uma trilogia de defeitos de oratória inusitada na crônica oral de nossa história republicana.

Louve-se a transparência — sabe-se lá ordenada por quem — da abnegada equipe do portal, que transcreve fielmente, a um alto custo físico e psicológico, as falas oficiais de Dilma — transparência, aliás, que facilitou, em muito, a pesquisa para este livro. Sabem os jornalistas como é demorado e quase sempre penoso o trabalho de "tirar a fita" — que, no jargão das velhas redações, significa transportá-la para o papel. Uma hora de entrevista, transcrita literalmente, exige pelo menos três horas de dedicação — e até mais, se o formato da reportagem for o clássico pergunta-resposta. Isso ainda não é feito por aplicativos.

E há um problema adicional: a grande maioria dos veículos determina que a fala do entrevistado seja copidescada à medida que vai sendo passada ao papel, enquadrando-a na sintaxe de um texto mais formal — a exceção é a *Folha de S. Paulo*, que costuma ser mais coloquial na transcrição da oralidade de seus entrevistados, inclusive preenchendo espaços vazios do raciocínio de seu personagem com palavras em colchetes.

No caso de Dilma, qualquer jornalista com um mínimo de espírito crítico se sentiria impelido a revisar, limpar e reordenar cada frase, cada sentença, cada período daquelas falas chacoalhadas e embaralhadas — limando a profusão de lapsos, redundâncias, anacolutos, barbarismos, vulgarismos, solecismos, obscuridades, ambiguidades, queismos, cacoépias. Enfim, um tratado prático, sem ensaio e sem roteiro, do que não se deve fazer com a língua.

Mas, com os discursos e entrevistas de Dilma, isso nunca ocorre quando a transcrição chega — quase sempre no mesmo dia do evento — às páginas do Portal do Planalto. As únicas correções são em relação aos vulgarismos — o "ocê" de Dilma, por exemplo, veste uma roupinha um pouco melhor e se torna "você". O mesmo ocorre com todos os verbos no infinitivo — dos quais a mineirice extemporânea surrupia o erre final, substituindo-o por um circunflexo (fazê) ou um acento agudo (falá).

De resto, os funcionários da Secretaria de Comunicação da Presidência parecem ter um respeito reverencial pelas deficiências de linguagem da chefe — como se fossem atilados Champollions diante de suas Pedras de Roseta. Das duas uma: ou não têm espírito crítico ou Dilma, através de algum acólito na secretaria, impôs a absoluta fidelidade ao dilmês.

Só isso explica a decisão inexplicável de publicar no Portal, sem tirar nem pôr, uma passagem como esta — imprestável, vexaminoso trecho de um discurso de Dilma, de 4 de setembro de 2015, por ocasião da entrega de unidades do Minha Casa, Minha Vida em Campina Grande:

> Nós, aqui em Campina Grande, vamos, neste programa, contratar 12,4 mil... aliás, agora, nesse momento — eu estou me confundindo — agora, nesse momento, tem 12,4 mil famílias aqui que já realizaram o sonho da casa própria. Olha, gente, 12,4 mil famílias, é muita família... Aliás, desculpa, pessoas. São muitas pessoas. 12,4 mil pessoas dá um município de tamanho médio do Brasil.

Numa questão do ENEM que propusesse aos candidatos escolher entre cinco frases a única dita por um presidente da República, o tatibitate acima receberia o x de um único aluno entre os 5,8 milhões de estudantes inscritos na prova de 2015?

Provavelmente, não. Tampouco se apontaria como alternativa correta esta joia do pensamento presidencial:

> Porque vocês pensam comigo: lá, nos países do Norte, eles convivem com a neve. A neve acaba com tudo; destrói todas as plantações, você tem que guardar os bichos, porque se não morrem

de frio. Ora, se eles podem conviver com o inverno, nós podemos conviver com a seca, desde que nós construamos as condições para conviver com a seca.

É outra passagem do mesmo discurso proferido em Campina Grande. Ambas estão disponíveis, em sua pompa e circunstância, no Portal do Planalto, sem qualquer correção ou questionamento. Como os papéis que Edward Snowden juntou em seu arquivo explosivo, o acervo em dilmês do Portal do Planalto também é secreto — mas por falta de consulta. Um dia, quando tudo acabar, talvez seja aberto e escrutinado — mais do que aqui.

Corrigindo a afirmação inicial, o dilmês se escreve, sim — e é o próprio Palácio do Planalto que, desavergonhadamente, faz isso. No papel, menos mal, perde as hesitações e os esgares que acompanham ao vivo a versão oral — e ganha importância histórica. Um dia, através desse acervo, que poupará os pesquisadores de mergulhar perigosamente nos originais, o dilmês poderá ser estudado por uma equipe de protolinguistas especializados no complexo fenômeno da aquisição da linguagem pelo homem — e pela *Mulher sapiens*.

Mas, se o assunto é o dilmês escrito, uma pergunta não quer calar — nem falar: e Dilma, escreve de próprio punho?

Se depender do que veio a público até hoje, muito pouco. Não consta que Dilma — como Jânio, em seus primorosos recados — comunique-se com auxiliares através de pedaços de papel e tinta. Suas broncas verbais são muito mais enfáticas — e nada indica que a presidente se confunda com os palavrões. Só com palavras, mesmo as pequenas — como "pra mim sê pré". O fato é que, em seis anos de intensa pesquisa deste autor, só foram encontradas quatro manifestações gráficas do dilmês — uma delas já comentada aqui:

o bilhete para o poeta Ivan Junqueira, no qual, assustadoramente, a vida era pior do que a morte.

No dia 16 de abril de 2011, era inaugurada essa que tende a ser a menor biblioteca do mundo: a que reúne os escritos de próprio punho de Dilma Rousseff. O manuscrito que estreou essa biblioteca-fantasma foi deixado no livro de ouro do museu de Xi'an, na China, que abriga um dos patrimônios da humanidade — o lendário Exército de Terracota: 7 mil figuras de soldados e cavalos descobertas e desenterradas em 1974, ao lado do mausoléu do imperador Qin.

Em sua visita à China, naquele abril de 2011, com apenas cem dias de mandato, Dilma fazia-se acompanhar por sua sinistra trinca de eternos guerreiros da terracota política brasileira — Aloizio Mercadante, Fernando Pimentel e Edison Lobão. E ficou impressionadíssima com aquele tesouro. Em Pequim, pouco depois, daria uma tensa coletiva para comprovar que o dilmês é mais ideogramático que o chinês.[24] "Essa resposta eu não respondo", foi sua não resposta a uma das perguntas. Depois, para explicar o que a missão brasileira fazia na China, usou aquela sua autoridade acadêmica que não deixa a menor dúvida: "É o que eles chamam de missão de compra e nós também, aquelas missões que você manda aos países para avaliar quais são as oportunidades de importação em setores manufatureiros."

O dólar, naquela ocasião, estava a dois e pouquinho, e completamente sob o controle do dilmês, bem como a taxa Selic:

> Nós vamos buscar uma taxa de câmbio, ao longo de meu governo, compatível com as taxas de câmbio, aliás as taxas de juro internacionais. Vamos buscar uma taxa de juro compatível com as taxas de juro internacionais. Eu falei câmbio aí, mas é juros, porque depois cês (sic) vão lá e...

---

[24] Para ver um trecho do discurso de Dilma Rousseff na China: <https://youtu.be/QkS-vCvQ7h3l>.

Não importa. O que mais interessa nessa viagem é que, em Xi'an, depois de ver cenário tão impressionante, Dilma deixou consignada sua admiração no livro de ouro do museu. A exemplo daqueles guerreiros, é uma relíquia para a eternidade, sem a intermediação do espantoso dilmês oral:

> Agradeço ao governo e ao povo chinês essa magnífica descoberta e a preservação desse patrimônio da humanidade. A fantástica criação do Exército de Terracota com guerreiros, generais, cavalos e carroças demonstra a imensa capacidade do povo chinês ao longo dos séculos. O povo brasileiro e o governo brasileiro dão seu apreço e sua homenagem a essa grande realização da humanidade pelo povo chinês. Xi'an, 16/04/2011, Dilma Rousseff.

Espere: a "imensa capacidade" não era nossa? Do chinês também? Ok, o repertório de Dilma não se amplia com a travessia de hemisférios. Mas, e o resto? Uma análise bem superficial, que está a requerer estudos mais profundos: no dilmês escrito, ninguém cumprimenta — "dá apreço". Não manifesta admiração — "dá homenagem". Na cabeça de Dilma, a humanidade e o povo chinês fazem coisas em parceria, o Exército de Terracota foi construído ao longo dos séculos e carruagem é carroça.

Enfim, não há divergência digna de nota entre o dilmês clássico, oral, e sua rara versão gráfica. E isso seria de novo demonstrado em agosto desse mesmo ano.

Num bilhete endereçado às ministras Izabella Teixeira e Ideli Salvatti — cujo verso a própria Dilma aparece lendo, em foto publicada na época —, lê-se:

> Isabela ou/Ideli
> Porque os jornais estão dizendo que houve um acordo ontem no Congresso sobre o Código Florestal, e eu não sei de nada?

Reconheça-se: a letra de Dilma é boa, tem algum verniz caligráfico. Mas, na caça às bruxas das letras, bem que esse "porque" deveria vir separado. E a ministra Izabella Teixeira deve ter ficado duplamente chateada — além da bronca-bilhete, a presidente ainda lhe impôs um S no lugar do Z de batismo e lhe confiscou uma letra L no final do nome.

Se Isabela/Izabella quisesse lhe devolver a desfeita, poderia ter respondido assim ao repto do final do bilhete presidencial: "Não, não sabe."

Na verdade, se Dilma se enfurecesse com tudo o que não sabe, teria ataques de apoplexia 24 horas por dia.

Da China para a Índia, foi um pequeno passo para a presidente, mas um grande salto para a humanidade. Em março de 2012, após visita ao Taj Mahal, o mausoléu que é o maior ícone indiano, Dilma deixou outra mensagem num livro de ouro — e com ela se completaria o quarteto fantástico de manifestações do dilmês escrito para a posteridade:

> O Taj Mahal é, sem dúvida, uma das obras humanas mais maravilhosas e com uma beleza suave e, ao mesmo tempo, forte, que muda, de acordo com nossa perspectiva. É um monumento ao amor e à capacidade dos homens e das mulheres da Índia de produzir beleza.

Como se percebe, o dilmês tem o dom de descrever uma das maravilhas do mundo como uma obra inacabada do PAC.

Poder-se-ia dizer que o bilhete de vida e morte a Ivan Junqueira, a mensagem aos guerreiros de terracota, a bronca nas ministras e a ode ao Taj Mahal formam a quadra de solitários escritos do dilmês — e não negam sua origem.

Com boa vontade, porém, essa trilogia poderia ser ampliada, tomando-se como de autoria da presidente as tuitadas oficiais — claro que Dilma tem um tuiteiro e um *facebook-ghost* à disposição. Mas ambos procuram seguir seu estilo, no sentido de respeitar o que a chefe escreveria se escrevesse.

A carta de princípios dos discursos de Dilma sempre foi bem explícita, desde a campanha para o primeiro mandato: como presidente, ela é contra a miséria, a pobreza, a fome, a doença, a injustiça, a desigualdade. E a favor do que represente o contrário. Simples assim. A morte também a incomoda.

As persistentes notas de pesar assinadas por ela, em seu twitter, são uma prova viva disso. É uma Dilma que não falha: a Dilma Compadecida. E aí existe uma fórmula — é só encaixar o nome do falecido:

- Foi com tristeza que soube da morte de dom Tomás Balduíno, incansável lutador das causas populares.
- Foi com tristeza que soube da morte do escritor colombiano Gabriel García Márquez.
- Foi com tristeza que tomei conhecimento da morte de José Wilker.
- Foi com tristeza que tomei conhecimento da morte do senador João Ribeiro.
- Foi com tristeza que recebi a notícia da morte do amigo e companheiro Jacob Gorender.
- Foi com pesar que soube da morte de Norma Bengell, uma das principais atrizes do cinema brasileiro.

Humm... Norma mereceu um pesar, e não sua tristeza. Haveria algum significado oculto nisso? Talvez: quando Dilma ainda era pré-candidata, o blog oficial *dilmanaweb* publicou uma colagem de três momentos da biografia dela, cujo objetivo era demonstrar a sua participação em episódios importantes da história brasileira

— sempre ao lado da democracia: quando criança, numa passeata contra a ditadura e nos dias atuais. Tudo certo, mas havia um problema nessa sequência: a foto que ilustra Dilma na passeata não era dela, mas de... Norma Bengell. Ficou aí um mal-estar. Daí o pesar, não a tristeza?

Dilma, por certo, não conhece ou mal conhece a maior parte dos pranteados nas notas oficiais — Norma era uma exceção. Mas finge conhecer todos com intimidade quase familiar nas mensagens-padrão escritas pelos assessores.

E, quando a obituarista Dilma quis mudar a fórmula, ficou estranho. A morte de Dominguinhos, por exemplo, mereceu a seguinte postagem: "O Brasil perdeu ontem José Domingos de Moraes, o Dominguinhos." Nem o mais apaixonado fã da música de Dominguinhos jamais ouviu ou leu seu nome de batismo citado na íntegra — muito menos Dilma. Mas o necrologista do Planalto, por um instante, transformou-se em escrivão de cartório de registro.

Pior foi com o próprio criador da Compadecida — faltou um autocorretor ou um revisor humano para as lágrimas de Dilma: "O Brasil perdeu hoje uma grande referência cultural, Ariano Suassuana (sic). Suassuana (sic) foi capaz de traduzir a alma, a tradição e as contradições nordestinas em livros como *Auto da Compadecida* e *A pedra do reino*."

Só mesmo o dilmês é capaz de cometer um *assuassinato*.

11. A volta ao mundo em dilmês: do soldado búlgaro desconhecido ao dentifrício mágico

Do ponto de vista político, a estreia internacional de Dilma foi de primeiro mundo — representar o Brasil na 15ª edição da mais relevante conferência global sobre mudanças climáticas, a COP, a chamada Conferência das Partes, daquela vez em Copenhague, de 7 a 8 de dezembro de 2009.

Do ponto de vista ecológico, porém, foi um desastre que juntou os efeitos deletérios de Chernobyl e Fukushima numa mesma frase — aquela em que Dilma considerou o meio ambiente como uma ameaça ao desenvolvimento do planeta "e dos nossos países". No vídeo correspondente, o desconforto do então ministro do ameaçador Meio Ambiente, Carlos Minc, é notável.

Mas o mundo, como o Brasil, via com muita simpatia aquela senhora resoluta que, além de representar o país nos debates sobre as questões mais nobres da humanidade, ainda tinha chance de ser a primeira mulher a presidir a nação. O lapso — aquele absurdo só podia ter sido um lapso — seria, portanto, pouco repercutido e em seguida relevado, apesar da presença dos maiores ambientalistas do mundo, com tradução simultânea. Os estrangeiros, por certo, acharam ter sido uma falha da tradutora, não da representante do Brasil. E ficou por isso mesmo.

Ainda candidata, uma sisuda Dilma voltaria a exibir seu passaporte no guichê da Polícia Federal do aeroporto de Brasília para novas viagens internacionais — nenhuma missão que fizesse qualquer diferença para o país. Para a consolidação de seu nome na corrida presidencial, sim. Era o Brasil emergente representado lá fora por uma doutora em todas as letras e números. Mulher de fibra, culta e poliglota.

Nem tanto. O dilmês não tem fronteiras. Viaja pelo mundo impávido, altaneiro, incorrigível, um desafio permanente para intérpretes e tradutores. Eleita presidente, o Aerolula — aquela aeronave que ela pilota com broncas pelo interfone ao comandante brigadeiro — passou a ser o transportador oficial do dilmês. Portugal, é claro, está permanentemente em nossa rota sentimental. E foi um de seus primeiros destinos após o triunfo na eleição.

Em sua primeira viagem à terrinha como presidente, Dilma desmentiria a supremacia das piadas de português entre nós, invertendo a equação já na primeira entrevista à imprensa local, em março de 2011. O felizardo foi o premiadíssimo escritor e jornalista Miguel Sousa Tavares — que fala um português bonito, escorreito, produzindo grande contraste já na primeira resposta de sua entrevistada.[25] Ele viera a Brasília para conversar com a primeira mulher a presidir o Brasil, na véspera do embarque dela para um encontro com o presidente Cavaco Silva.

---

[25] Para ver o melhor dos momentos da extraordinária entrevista de Dilma Rousseff a Miguel Sousa Tavares: <https://youtu.be/cHu8M37qZqg?list=PL06E32BFB5C36E77A>.

Um hipotético, mas sempre necessário, intérprete do dilmês para o português não deixaria o grande jornalista e pensador luso voltar para casa com uma caravela de respostas sem nexo para exibir aos espectadores da SIC, Sociedade Independente de Comunicação, o primeiro canal de TV privado de Portugal. Aliás, um nome de piada pronta quando a entrevistada é Dilma Rousseff.

Uma estação de TV chamada SIC tem tudo a ver com a presidente. Sic, em latim, como se sabe, é "assim", "deste modo" — e a expressão é utilizada entre parênteses após frase ou palavra dita por alguém para indicar que um ou mais elementos originais dessa citação estão reproduzidos fielmente, mesmo gramatical ou ortograficamente errados.

Dilma é a presidente Sic — cada uma de suas falas, quando reproduzida com exatidão, precisaria vir acompanhada de um sic entre parênteses. Uma dessas, na conversa com Tavares, soou como a versão econômica do meio ambiente como ameaça: "Nós sabemos, por experiência própria de mais de vinte anos, que a inflação não contribui para o desenvolvimento como muitas vezes alguns pensavam."

Boa parte da entrevista foi para louvar os feitos do *lulopetismo*:

> Nós tiramos da miséria em torno de 28 milhões de brasileiros, miséria aí considerada todos aqueles que ganham 70 reais, é, é, 70 reais de renda per capita. (...) Tem uma parte da retirada das pessoas a partir de um determinado número da miséria que é como se você tivesse de customizá (sic) pra tirá (sic).

Na política internacional, uma estadista: "Em qualquer território eu prefiro que não haja declaração de guerra. (...) O senhor Kadafi se enquadra numa situação fora de quaisquer princípios quando se respeita os direitos humanos."

E a pátria-mãe do Brasil mereceu a homenagem de um clássico instantâneo do dilmês: "Eu não acho que Portugal é Europa. Eu acho que Portugal é Portugal."

Voltando ao tema Brasil, Dilma mostrou um domínio territorial completo de seu país continental: "Nós temos fronteiras bastante extensas no Brasil, tanto no que se refere à fronteira seca como à marítima, ou seja, o nosso litoral pro mar Atlântico." E um absoluto controle sobre nossas mazelas, inclusive o tráfico de drogas. Diz a chefe da DEA (Drug Enforcement Administration) brasileira:

> Eu bloqueio a entrada de drogas pelas fronteiras e eu monto os esquemas de controle nas grandes cidades. (...) Em duas grandes cidades do Brasil, o problema [das drogas] é simbólico — Rio e São Paulo. (...) Eu não diria que essa experiência do Rio de Janeiro é um grão de areia. Eu diria que já é uma quantidade de areia mais significativa.

E então surge a passagem nonsense — mais ainda? — dessa histórica entrevista. Nunca Brasil e Portugal estiveram tão distantes. Depois desse falatório em dilmês, Miguel Tavares aborda o que realmente importa: a visita da presidente do Brasil a Portugal, que já começaria com um probleminha de ordem prática: "A senhora vai a Portugal terça-feira e vai encontrar um país sem governo. Isso não tira sentido à visita diplomática, pelo menos?" O vinco vertical no meio da testa de Dilma realça a perplexidade de quem está inteiramente perdida no espaço. Ela gagueja: "Mas... o presidente num (sic)... não vai podê (sic) me recebê (sic)?"

Tavares parece conter o riso e disfarçar o espanto. Acabara de descobrir que a presidente brasileira não sabia que Portugal vivia uma crise política de bom tamanho, agravada naquele dia pelo pedido de demissão do primeiro-ministro José Sócrates. Também percebe que Dilma não fazia a menor ideia de como funciona o regime parlamentarista. Ela seria recebida normalmente pelo presidente Aníbal Cavaco Silva. Não pelo primeiro-ministro demissionário — que, aliás, seria preso mais tarde. Dilma apenas ignorava que um país parlamentarista com um primeiro-ministro demissionário é um país sem governo.

"Bem, eu respeito perfeitamente a situação política de Portugal", rende-se, antes de confessar que de nada sabia. Mas, assim que a entrevista terminasse, ela certamente quereria saber por que não fora informada e então faz cara de quem prepara um "meu querido" ao primeiro assessor que aparecesse à frente.

Dilma, em Portugal, encontrou-se com Cavaco Silva — como previsto.

Àquela altura uma estrela ascensional da política sul-americana, Cannes, na França, seria a próxima parada internacional da presidente Dilma. Não para um caminhar de terninho no tapete vermelho do famoso festival. Mas para outro tipo de desfile: o dos chefes de Estado das vinte nações mais ricas do planeta, o G20, em novembro de 2011. Na coletiva de imprensa, ao fazer um balanço dos trabalhos, ela usou do dilmês emergente:[26]

> Aí fomos para a reunião do G20. Na reunião do G20... Aliás, desculpa, dos Brics. Na reunião dos Brics, os Brics discutiram a questão da crise europeia. Os Brics, eu acho que nenhum deles foi... todos eles acharam que tinha de aumentar, se houvesse uma ajuda, se fosse necessário a ajuda, se... obviamente, os que são ajudados têm de querer. Enfim, são discussões...

---

[26] Para ver um trecho do discurso de Dilma em Cannes: <http://mais.uol.com.br/view/1575mnadmj5c/g20-foi-sucesso-relativo-diz-presidente-dilma-em-cannes-04028C1C306CD0912326?types=A>.

Enfim, são dilmices. Mas qual foi a pauta do G20, presidente?

> Nas reuniões, assim, mais laterais: com os japoneses, discutimos o trem de alta velocidade... Quem mais que foi? Ah, com a OIT, foi essa questão que a OIT enfatizou muito, a importância que o Brasil tem na questão da política social, da política de proteção social, da política de valorização do trabalho. Até a nossa... a recente promulgação do Pronatec. Eles acompanham bem acompanhado.

Em seguida, uma revelação: com a chanceler da Alemanha, ela discutira a relação com a Alemanha, enfatizando a ênfase:

> Com a primeira-ministra, com a chanceler Angela Merkel, nós discutimos a importância da relação do Brasil com a Alemanha; enfatizamos que vamos dar uma ênfase muito grande à questão da pequena e da média empresa no Ano Brasil-Alemanha 2013/2014 (...). Enfim, eu estou tentando ser o máximo específica, mas, em geral, há muita, havia muita preocupação com a questão da crise europeia.

A porção doutora em economia sempre dominando a presidente:

> Não é protecionismo, nós temos de nos proteger também, cada um faz o que pode. Agora, tem algumas medidas que nós nunca vamos controlar. Não vamos controlar a hora que eles resolvem despejar 800... A última vez foram 800 milhões? Bi? Trezentos? Quanto foi o último *quantitative easing*, o dois? Seiscentos bi? Eu não vou... não tem como controlar isso, não tem como controlar a política cambial chinesa. Nós achamos é que não... passamos o tempo inteiro dizendo isso: que tem isso, que não pode ser assim, que tem de mudar. E, hoje, isso meio que se internalizou; hoje, não somos só nós a falar isso.

Assim, com sentenças que, levadas ao pé da letra, sem uma rigorosa revisão, seriam barradas da ata de reunião de condomínio de um conjunto habitacional do Minha Casa, Minha Vida, Dilma foi impondo o dilmês ao mundo civilizado. A conspiração de silêncio em torno desses estranhos kits de palavras que expunham a abismal incapacidade de raciocínio da nova presidente era, naquela altura, já globalizada. Com sua autopercepção nada aguçada, Dilma achava que fazia e dizia bonito.

Sua agenda internacional era de astro pop — sobretudo depois de setembro de 2011, quando se tornou a primeira mulher a abrir uma Assembleia Geral da ONU. Naquela semana, a edição da revista *Newsweek* trazia na capa uma matéria sobre mulheres vitoriosas, ilustrada com foto de uma Dilma exultante tomando posse em Brasília. Uma presidente com teor explosivo: a revista chamou-a de "Brazil's president Dynamite Dilma" e destacou-lhe a primazia de ser a primeira mulher brasileira na abertura da Assembleia da ONU.

Essa dinamite acabaria se transformando em calamidade — desta vez em sentido literal. Eis a cena: o automóvel da presidente estaciona à porta do hotel Waldorf Astoria, na Park Avenue, em Nova York. Dilma está chegando da Reunião de Alto Nível sobre Doenças Crônicas Não-Transmissíveis, seu primeiro compromisso na cidade. Ao descer do carro com um tailleurzinho azul, os carregadores de bolsas e malas do Planalto se apressam em aliviá-la do peso extra, deixando-a só com uma pasta de plástico debaixo do braço — talvez cópia do discurso histórico que faria na ONU, que precisa ser passado e repassado até o grande dia, porque o mundo vai estar de olho. Os repórteres que a esperam devem ter sido informados que, no caminho, ela dera uma parada numa livraria — programa obrigatório para manter a mitologia da insaciável devoradora de livros que, antes de degustá-los, deleita-se com seus aromas, como uma enófila/bibliófila. Se para Vinicius de Moraes o uísque era o cachorro engarrafado, tal a fidelidade canina que tinha para com o *scotch*, para Dilma os livros são o cão impresso.

"Presidenta, dá uma palavrinha aqui com a gente", grita uma jornalista. Não estava no protocolo, mas quem mandou ser Dilma Dinamite? A passagem pela livraria é o assunto que abre a "palavrinha" à imprensa.[27] O que a fez desviar-se de seu trajeto de volta ao hotel? Naturalmente um livro fundamental, que não se encontra no Brasil. "Que livro a senhora comprou?", vai indagando uma repórter antes mesmo de a presidente chegar ao spot da imprensa. Dilma ganha um ar meio assustado, mas logo se recupera do impacto da pergunta. Naquela caminhada de metros, a passos propositalmente lentos, antes de responder à questão inesperada, de supetão, o pesadelo de um ano atrás deve ter passado por sua cabeça: o episódio do "As... As... *As brasas!*"

"Agora, eles não me pegam", terá pensado, à porta do Waldorf: "Não comprei livro, não. Eu comprei um CD..." O problema é que tampouco lembra o nome do CD comprado há minutos. A sorte é que CD, ao contrário de livros, não precisa ser citado com título e autor. Basta o autor. Mas nem isso... Meu Deus, vai começar tudo de novo: "Cumé (sic) que chama a moça do meu CD?", indaga aos atônitos assessores, incluindo dois ministros, Fernando Pimentel e Antonio Patriota. "Seu CD que você comprou lá?", questiona ao fundo uma voz que parece a do embaixador Patriota, especialista em colocar algodão entre louças e salvar a pátria. "Ô, já esqueci, viu, o nome do CD", lamenta Dilma. "Tem um CD que tá aqui", sugere Pimentel. E ela, durona como sempre: "Não, o seu é esse. O meu não é o seu", conclui a presidente, com a mesma lógica irrepreensível que pretendia levar à Assembleia Geral da ONU para reafirmar que o Brasil é um país assertivo, seja lá o que isso seja. Alguém ao fundo — parece Patriota de novo — enfim elucida o

---

[27] Para ver a entrevista informal de Dilma em Nova York: <https://youtu.be/OCz6j6LiZxg>.

enigma sobre "a moça do meu CD": "Stacey Kent." "Stacey Kent", repete Dilma, triunfal, mas sem esclarecer, mesmo porque não lhe foi perguntado, como conseguiu localizar, escolher e comprar esse CD, especificamente, sem saber o nome da moça, aliás uma bela cantora de jazz da nova geração.

Ok, deixe o CD para lá. O assunto agora é a capa da *Newsweek*: "A revista a senhora já leu?" "Agora que eu vou olhá (sic), tá?" Note-se: ler, não; olhar. "O que a senhora achou daquela manchete 'Dilma Dinamite'?" "Eu acho assim que lembra muito filme do velho oeste, né?" De novo, pede ajuda aos universitários: "Cumé (sic) que chamava?" Patriota é mesmo um patriota, sempre com a mão estendida para salvar a presidente: "Calamity Jane". Ela cai em si: não era bem isso o que pensara. "Calâmity, Dilâmity", ri, nervosamente. "Mas a senhora gostou?" "Eu achei muito boa a capa."

A entrevista-relâmpago, explosiva, já estava plenamente encerrada. Mas, no minuto restante, os repórteres ainda quiseram saber de coisas sérias, como o discurso a ser feito na abertura da Assembleia, dali a dois dias: "Acho que essa é uma expectativa grande, porque de fato é uma honra sê (sic) a primeira mulher a discursá (sic) na Assembleia Geral da ONU..."

Como lembrou Reinaldo Azevedo num post da época, ela era a primeira mulher a ter essa honraria porque era a primeira mulher presidente do Brasil. Seria o primeiro Saci-Pererê se o Saci-Pererê tivesse sido eleito presidente. A abertura da Assembleia sempre cabe a um brasileiro, desde a constituição da ONU. No último ano do governo Lula, por exemplo, a missão coube ao ministro Celso Amorim.

Mas, presidente, mesmo a senhora sendo durona, não dá um friozinho na barriga falar na ONU? "Olha, sempre dá, sempre qualquer pessoa que vai falá (sic), né, para um público que seja mais do que algumas poucas pessoas, fica emocionada até porque é o momento que cê (sic) tem de representá (sic) aquilo que você ali está fazendo, eu tenho de representá (sic) o Brasil", arrematou, tranquilizando os que pensavam que fosse representar a Tanzânia. "Brigada (sic), viu, brigada (sic) mesmo", despediu-se.

Naqueles minutos constrangedores — embora triunfais para ela —, começou a circular nas calçadas de Manhattan um apelido que tinha tudo para pegar, mas não pegou: "Dilma Calamidade".

A friorenta Nova York de setembro ficara para trás. No mês seguinte, sua viagem internacional seria muito mais calorosa: uma volta às origens familiares, um reencontro com os Rousseff — ou Roussev, como prefere a aliteração búlgara.

Dilma de volta à pátria ancestral, a suas raízes: depois de Manhattan, Gabrovo, a cidade mais engraçada da Bulgária. E sua jornada sentimental começou com uma cerimônia marcante — a colocação de flores no túmulo do soldado desconhecido búlgaro.[28]

Apesar da natural falta de jeito, os passos tentam ser solenes e sincopados — é a presidente, ao som do hino nacional búlgaro, seguindo os três soldadinhos de chumbo que carregam uma coroa de flores com as cores da bandeira brasileira para ser depositada naquele mausoléu, na capital Sófia. Ela se detém ao final do tapete vermelho, aguardando a colocação da *corbeille*. E recomeça a marcha em direção à oferenda. Ao chegar, ajeita alguma coisa no arranjo floral e curva a cabeça, em reverência. Recompõe-se, espera sete segundos e baixa a cabeça uma segunda vez, um tanto hesitante — o cerimonial não explicara direito se eram uma, duas ou três reverências, e o intervalo entre elas. E então faz meia volta, agora em silêncio respeitoso — a banda marcial recolheu os instrumentos. Só se ouvem então os passos do meio salto agulha da "presidente búlgara do

---

[28] Para ver Dilma Rousseff honrar o soldado desconhecido búlgaro: <https://youtu.be/WXrLyI-POlk>.

Brasil" — como ela mesma gostou de se intitular na visita histórica à terra de Petar Roussev — de retorno à passarela rubra. Em 1 minuto e 25 segundos, o registro de um momento histórico.

Aqui cabe uma pergunta que não quer calar: haveria um soldado búlgaro conhecido?

Não importa. A verdade é que nunca antes na história deste país um presidente brasileiro colocara flores no túmulo do soldado desconhecido da Bulgária. Aliás, foi a primeira viagem de um presidente brasileiro à Bulgária — e ainda mais uma descendente da terra.

Por isso, a viagem sentimental de Dilma Rousseff à pátria de seu pai, Pedro, era muito mais inusitada que a abertura da Assembleia Geral da ONU. No ano seguinte, ela abriria de novo essa Assembleia. Mas a Bulgária, provavelmente, nunca mais receberá um presidente brasileiro — com certeza, nunca mais um presidente brasileiro búlgaro.

A caminho da terra de seu pai, compenetrada, a bordo do agora Aerodilma, ela ensaiou a continência às tropas: "Zdraveite, gvardeyci", ou "Saudações, guardas", é a palavra de ordem com que os chefes de Estado búlgaro saúdam os militares formados em sua honra. Em dilmês, a expressão poderia ser traduzida livremente por: "Oi, guardas."

O búlgaro, contudo, torna-se uma língua de cantiga infantil diante do atormentado dilmês — idioma assemelhado ao búlgaro por sintaxe genética:

> Minha expectativa é uma viagem muito... de duas formas: uma viagem externa, da presidenta do Brasil, mas também é a viagem da pessoa cujo pai é búlgaro, e uma parte da minha raiz está na Bulgária. Este país, que é o Brasil, ele tem essa capacidade imensa de absorvê (sic), de abraçá (sic) e de dar apoio e transformá (sic) em nacional todas, vamos dizer, as etnias. Nós somos europeus, nós

somos africanos, nós somos índios, nós somos asiáticos. Eu achei muito importante, inclusive, que tivesse um rapaz japonês — se eu não me engano, japonês — na apresentação, que nossa diversidade, do nosso país, a real diversidade.

Japonês à parte, o ponto alto da visita da velha senhora à Bulgária seria mesmo a passagem por Gabrovo — a terra de Petar Roussev. Em 1928, ele saiu de casa, deixando a mulher grávida, e nunca mais voltou. Primeiro passou pela Argentina, depois foi para o Brasil, onde virou Pedro Rousseff, fez nova família — três belos filhos, incluindo Dilma Vana. Morreu em 1962, quando ela tinha apenas 15 anos. A ele a presidente atribui seu amor aos livros — um amor que se perdeu no tempo, como se sabe. A visita a Gabrovo era um acerto de contas com o passado interrompido.

E, independentemente de Pedro, Gabrovo não é uma cidade búlgara qualquer. Ou Ziraldo não teria viajado na delegação presidencial. Sim, Ziraldo — o bulgarinho maluquinho de Dilma.

Gabrovo, com 60 mil habitantes, aos pés dos Balcãs, é uma espécie de Itu búlgara. Se a cidade paulista ganhou fama folclórica por sua mania de grandeza, Gabrovo notabilizou-se pela sovinice de seus habitantes. E Gabrovo se consagrou — entre os que já ouviram falar em Gabrovo — como a cidade mais engraçada da Bulgária. Lá tem até um salão de humor, equivalente ao de Piracicaba — daí Ziraldo na delegação presidencial. Brasil e Bulgária são sempre vizinhos nos estandes de diversos salões de humor internacionais — quando nada, porque, pela ordem alfabética, Bulgária fica colada ao Brasil, já que em Brunei não existe humor. Daí talvez se explique o mau humor permanente da presidente Dilma.

Sob um sol radiante, centenas de habitantes de Gabrovo ocuparam o pátio do colégio Vassil Aprilov, onde Petar Roussev acabara seus estudos em 1918. Todos queriam ver e escutar a "presidente búlgara do Brasil". Ela foi conhecer o colégio e, na saída, falou de sua emoção.[29]

"A senhora engasgou?", perguntou um repórter que percebera a dificuldade de Dilma em concluir seu pensamento durante o pequeno discurso. "Engasguei, parei de falar, não conseguia, não conseguia formular, porque é uma coisa impressionante você tá (sic) no lugar que seu pai estudou." Ela fez questão de reforçar junto a seus conterrâneos seus laços com o país: "Por trás da presidente do Brasil, tinha um búlgaro nascido aqui em Gabrovo." O pai, eterno educador: "Meu pai contribuiu para o fato de me educar olhando para a situação dos povos do mundo." E finalizou: "Saibam vocês que uma parte de Gabrovo e da Bulgária mora, reside e é presidenta do Brasil."

Mora, reside. O pânico da intérprete búlgara era notório. O dilmês intimida. Um repórter quis saber como recebera a manifestação espontânea do povo búlgaro nas ruas à sua presença. "Não entendo tudo o que falam, como ocês (sic) podem sabê (sic), mas as expressões afetivas são universais." Se não entende tudo, entende um pouco? Mais ou menos: "Agora, na verdade, cê (sic) veja, eu falo duas palavras: falo 'baglodariá' e falo agora uma que eu esqueci."

Também se esquece em búlgaro.

Todo ano, como sabido, há uma Assembleia Geral da ONU, na sede da entidade, em Nova York. E todo ano, como já vimos, ela é aberta por um representante do Brasil — a prática remonta ao chanceler Oswaldo Aranha.

Conhecendo-se Dilma, é certo que não abriria mão dessa primazia em prol de um ministro das Relações Exteriores, por exemplo. Em 2013, a 68ª Assembleia seria sua terceira vez no púlpito da ONU. O

---

[29] Para ver a entrevista de Dilma no colégio em que seu pai estudou, na Bulgária: <https://youtu.be/MS_JMSQMaWo>.

discurso ao mundo, lido pela presidente em três *teleprompters*, é escrito por diplomatas e, portanto, impermeável ao dilmês. Em tese, portanto, não haveria um tremor — mas um trema sísmico surgiu de repente no caminho do Quênia e de Dilma, abalando seu pronunciamento.[30]

Tudo vinha bem, com os salamaleques diplomáticos de praxe. Mas eis que o Quênia apareceu de súbito no *teleprompter* — graças aos sanguinários somalis da Al-Shabab, que tinham colocado o país de novo na ordem internacional. A presidente achara por bem condenar o atentado no shopping de Nairóbi, na véspera, e exprimir condolências e solidariedade às famílias das vítimas, ao povo e ao governo do país. Que país? "O Qüênia."

Num átimo de segundo, Dilma parece ter se dado conta do barbarismo, mas o "Qüênia" da primeira tentativa seria chancelado pela segunda. O sinal gráfico certamente não estava no texto escrito pelos assessores, mas na cabeça dela. E a presidente de um país cujo lema é Pátria Educadora aproveitou a extinção do trema na língua portuguesa para colocá-lo onde nunca esteve.

Dilma sairia da Assembleia Geral da ONU, triunfalmente, sem saber que o povo do Quênia — Kenya, em inglês, e com k na maioria das outras línguas — não merecia esse trema imaginário. Nunca, em tempo algum, em qualquer idioma, alguém havia ousado tanto — até o dilmês ser ouvido naquele recinto babélico.

Três semanas antes de um trema atrevido atravessar seu caminho e o destino do povo do Quênia, foi a mágica pasta de dente de Dilma que roubou a cena internacional. Representando o Brasil, ela era a protagonista de mais um grandioso evento globalizado: outra reunião do G20, desta vez em São Petersburgo, na Rússia.

---

[30] Para ver Dilma Rousseff discursar na ONU e descobrir o Qüênia: <https://youtu.be/f-nVe4V-cd0>.

De tudo o que fora fazer ali, seu encontro a sós com Obama — no auge da crise da espionagem eletrônica norte-americana sobre o Brasil — era sem dúvida o clímax de sua agenda. Na coletiva à imprensa, após a tensa reunião com o presidente americano, ela justificaria a pressa: "Amanhã, né, é nossa data pátria (sic), 7 de setembro, e eu tenho de chegá (sic) no Brasil pra mim (sic) tá (sic) lá de manhã cedinho..." Alguém perguntou sobre uma reunião bilateral do evento, na qual fez *forfait*. Dilma: "Não, não, a minha ausência tava (sic) prevista pelo seguinte, porque eu tinha tido, eu tinha feito um contato anterior e ia fazê (sic) uma bilateral. Acabou que ela não pôde acontecê (sic), então eu acabei não ino (sic) porque eu ia chegá (sic) na metade..."

Perfeito. Mas a curiosidade dos jornalistas era mesmo o *tête-à-tête* com Obama. Um jornalista formulou então uma metáfora um tanto forçada: o mal-estar entre Brasil e Estados Unidos poderia ser desfeito do mesmo modo que o gênio volta para a lâmpada depois de sair dela? A resposta da presidente desde então integra o Top 5 do *crème de la crème* do pensamento em dilmês.[31] É uma daquelas estultices típicas de Dilma que se tornam antológicas à medida que processadas mentalmente e liberadas:

> Não, ontem inclusive, cê (sic) veja, esse gênio, você tá fazendo uma imagem. Ontem eu disse pro presidente Obama que era claro que ele sabia que depois que a pasta de dentes sai do dentifrício ela, dificilmente, volta pra dentro do dentifrício, então, que a gente tinha de levá (sic) isso em conta... E ele me disse que ele faria todo esforço político para que essa pasta de dente pelo menos não ficasse solta por aí e voltasse uma parte pra dentro do dentifrício. Você usou uma imagem mais bonita, né, que é a do gênio fora da garrafa. Eu usei uma coisa assim mais usual que é da pasta de dente fora do dentifrício.

---

[31] A íntegra da entrevista coletiva de Dilma Rousseff no G20: <https://youtu.be/b5-2EUN-LGg>.

Não se sabe se o assunto em questão — a espionagem virtual americana — foi resolvido: novamente, o dilmês falava mais alto e abafava a parte mais séria da conversa. A pasta de dentes de Dilma sai de dentro de seu próprio sinônimo — o dentifrício. Nem os irmãos Campos pensaram nisso num de seus poemas concretos.

Aqui, porém, começa um mistério linguístico muito intrincado — e fascinante. Se Dilma usou em português duas palavras que querem dizer a mesma coisa (pasta de dentes e dentifrício), mas desejando dizer coisas distintas, ou seja, o creme e seu tubo, como o tradutor da conversa com Obama terá escapado dessa armadilha?

Em inglês, as palavras também são sinônimos perfeitos — *toothpaste* e *dentifrice*. Uma não pode sair de dentro da outra. Terá conseguido o heroico tradutor, fazendo o caminho linguístico inverso, introduzir o tubo na pasta, para que a metáfora de Dilma fizesse algum sentido para Obama?

É provável que, depois de ouvir esse enigma da pasta de dente, Obama tenha mandado o pessoal da NSA recolher toda a parafernália de vigilância digital sobre a presidente do Brasil — não haveria rigorosamente nada a ser espiado no mundo de Dilma, fora um roteiro para o *Saturday Night Live*.

Dois anos mais tarde, a pasta de dentes mágica de Dilma, que volta para dentro de si mesma só que com outro nome, estaria de novo na boca da presidente — prova de que, depois daquele histórico (mais um) discurso em São Petersburgo, e nos meses que se seguiram, nenhum assessor da Presidência teve a clemência de lhe explicar, com os dentes cerrados, que dentifrício é o próprio creme dental, não o tubo que o contém.

Em Nova York, para onde voltaria em setembro de 2015 a fim de abrir novamente uma Assembleia Geral da ONU, ela deu entrevista na porta de seu hotel. Não se sabe — nem seria necessário saber —

do que falava antes deste trecho de sua conversa com os jornalistas, que se inicia com uma notável dilmice:[32] "Cê (sic) abre a Caixa de Pândora (sic) com a guerra..." Caixa de quem? "E depois, dentro da Caixa de Pândora (sic), ocê (sic) não sabe, de Pandora, aliás, de Pândora (sic) não, de Pandora..."

Não, Dilma não caiu em si — o que caiu no ar foi, novamente, um sopro providencial. Mas, a exemplo da novela em que disse ter pensado para tentar lembrar o nome do livro que lia, a presidente concede uma justificativa em dilmês de vexame: "É que eu escutei dois falano (sic) em espanhol. E a acentuação é sempre diferente."

É diferente, mas não é *Pândora*. E, dentro dessa caixinha que libera todos os males do dilmês, escondia-se — outra vez — a pasta de dentes que fizera Obama escancarar os dentes em forma de riso, na Rússia. Dilma empunha a escova e se prepara para produzir uma nova cárie na lógica e no bom senso: "Você não sabe daonde (sic) que sai, né? Cê (sic) não coloca pra dentro a pasta de dente depois que saiu do dentifrício.

Evidentemente não é boa a situação de uma presidente que não sabe a diferença entre conteúdo e continente — sobretudo numa reunião do G20 e às vésperas de uma Assembleia Geral da ONU.

Alguém falou em lâmpada em São Petersburgo?

Dilma é um gênio. Menos com números.

---

[32] Para ver Dilma abrir sua Caixa de Pândora em Nova York: <https://youtu.be/QALRyLvSqfo>.

12. O dilmês faz as contas: há dois países com mais de 1 trilhão de habitantes e 4 para 13 dá 7, fora o resto

Bem que ela tentou. O título de doutora em economia pela Unicamp estava posto em sossego, pendurado no currículo oficial carregado debaixo do braço na campanha presidencial — até que, por cisma da revista *Piauí*, descobriu-se que Dilma Rousseff começara o doutorado para, seis anos mais tarde, renunciar à abreviação de Dra. diante do nome, quando ainda estava muito longe de obtê-la. Nada mais natural. Trauma para ela seria ir adiante. Alguém hoje, ou a esta altura, imagina Dilma defendendo uma tese acadêmica diante de uma banca de examinadores que não inclua Guido Mantega ou Joaquim Levy? Qual é a chance de obter um grau de doutorado — ou mesmo o de mestrado, do qual também desistiu — se isso depender de seu poder de raciocínio, de sua argumentação, de sua articulação verbal ou de sua "imensa capacidade" dialética?

Mas o diploma de bacharel em Economia está aí, incólume — até prova em contrário. A presidente, que logo se mostraria dramaticamente incapaz de relatar uma fábula de La Fontaine a uma criança de 5 anos, pelo menos fora preparada, nos bancos da faculdade, para calcular o Brasil — calculista que sempre foi em sua ascensão no funcionalismo público, embora tenha sido sempre um erro de cálculo de quem embarcou na mitologia que a circundava.

Dilma nunca teve um patrão na iniciativa privada. E o único negócio que administrou — duas lojas de 1,99 em Porto Alegre — faliu por falta de troco. Porém, lidar com números, cifrões, moedas, porcentagens e equações certamente fazia parte da expertise de uma economista e, mais ainda, de uma burocrata de alto escalão que chegaria à Presidência montada sobre o mito da gerentona que até hoje impressiona o "faz-tudo sem-fazer nada" Aloizio Mercadante, o poliministro.

Em 24 de janeiro de 2012, ao transferir o Ministério da Ciência, Tecnologia e Inovação para assumir o da Educação pela primeira vez, Mercadante alertou seu sucessor na pasta, Marco Antonio Raupp, a pensar duas vezes antes de pedir uma audiência à chefe para mostrar um plano de trabalho:[33] "Toda vez que você levar um programa, a primeira fase vai ser de espancamento do projeto. Ele vai ser desconstituído em todas as suas dimensões e, se não estiver muito bem consistente, você vai ouvir a seguinte expressão: 'Ele não fica de pé.'"

Ainda sério e compenetrado, debaixo daquele bigode-símbolo do Batman, Mercadante prosseguiu na advertência mítica: "Não insista. Você não vai convencê-la. Vai perder tempo. Vai para casa, junte a equipe, trabalhe intensamente e volte a apresentar o projeto."

Projetos de governo quase sempre dependem da coerência entre si de algarismos fundamentais — que costumam ser a diferença entre a viabilidade e o fracasso da ação. Mas, mesmo que dilmês fosse a

---

[33] Para ver Aloizio Mercadante exaltar o rigor de Dilma Rousseff, a partir dos 30 minutos: <https://youtu.be/AVPFJ9RRibI>.

marca de um ábaco, não o nome de um idioleto, nem aí o "projeto Dilma" pararia de pé, sob o padrão da mulher que ao mesmo tempo intimida e fascina Mercadante. Além de palavras surradas sem medo da Lei Maria da Penha, a presidente-economista sempre espancou números impiedosamente — seja pela repetição compulsiva de certas quantias, seja porque não chegou a passar da fase de um dígito na tabuada de terceiro ano.

De todos os vexames que o dilmês contábil somou, o mais notável talvez tenha sido aquele em que a mulher que se gaba de comandar a oitava economia do mundo deu mostra de que poderia ser facilmente enganada pelo quitandeiro na compra de meia penca de banana nanica. Em compensação, no mesmo instante, a doutora em preço de gás viajou da Ucrânia ao Japão e sobreviveu, com graves escoriações, a um tsunami. Foi durante uma sabatina na CNI, Confederação Nacional da Indústria, presente boa parcela do PIB nacional, no dia 30 de julho de 2014.

A presidente que foi ministra das Minas e Energia, e sabia calcular de cabeça o valor da energia consumida pelo lustre da cozinha, dava um show de luminosidade intelectual ao discorrer sobre preços relativos. Parecia em seus melhores dias, falando aos empresários da indústria naquele típico um tom acima. Queria demonstrar, para efeito de algum raciocínio, e aí já morava um perigo, que o preço do gás no mercado interno — 4 dólares o BTU (*British Termal Unit*) — não era o mesmo do mercado internacional. Na Ucrânia, por exemplo, "pagam 13 dólares". Dilma faz então aquele seu clássico esforço para resgatar na mente o *Quod erat demonstrandum* da questão, o CQD — que parece óbvio, mas não é assim tão fácil para ela. Abre os braços, como a pedir caminho para a conclusão — que só viria aos trancos, dois segundos depois: "4 pra 13 dá 7."

Havia um corpo estendido no chão, mas Dilma, num primeiro momento, passa por cima do cadáver. E engata um nonsense que jamais será explicado nesta existência: "Quanto é que paga depois do furacão..."

Como? Furacão lembra sopro — e é isso que deve ter vindo da plateia, em ato de misericórdia cochichada, as mãos do soprador fazendo uma concha na boca: "Nove." Dilma cai em si, por sorte a altura é pequena — mas, para uma economista laureada, um precipício irresgatável: "Aliás, 4 pra 13 dá 9..." O erro foi grosseiro. Há, contudo, uma explicação superior: "Eu tô pensando no furacão Kat... no furacão..." Também não era furacão que queria dizer. "No furacão, não. Em Fukujima." Tampouco era Fukujima — que, aliás, é Fukushima. Desastre nuclear. A mão esquerda faz movimentos pendulares nervosos, como se tentasse cavoucar o nome sumido numa zona recôndita do dilmês: "Como é que chama, no Japão?" Novo sopro da plateia, infinitamente mais providencial que qualquer furacão — igualmente devastador, porém. E Dilma, triunfal: "O tsunami, tsunami!"

E eis que nasce um mistério maior do que o dos Protocolos dos Sábios de Sião: o que o tsunami tem a ver com uma conta de subtração que arrasava seu diploma de economista? Mas isso talvez explique por que Dilma considera que a inflação atual de 9% ainda está na casa dos 7.

Falsos números e cifras fragorosamente derrotadas pela lógica de uma criança que ficou de segunda época no quarto ano primário sempre foram uma constante no discurso da presidente. Além dos simplesmente errados, ela também se utiliza de números encastelados no pensamento, obsessivos — como a casa própria e a mãe de metade do mundo, no âmbito das palavras.

É o caso do 190: não o telefone da Polícia Militar, mas nosso número — o de brasileiros viventes. Na campanha e nos primeiros três anos de seu governo, orgulhosa de ter decorado o 190, ela usou e abusou dele, para efeito de suas pensatas cívicas. Começou em junho de 2010, numa "palestra" a empresários goianos: "Sabe puquê (sic) que o Brasil foi catalogado dentro dos Brics? Um dos motivos fundamentais é que ele tern 190 milhões de brasileiros."

Se fossem 190 milhões de húngaros, talvez o acróstico Brics tivesse de substituir sua letra inicial. Isso não vem ao caso, contudo. Os 190, sim: "Nós acreditamos que nossa força está nos 190 milhões de brasileiros", repetiu em São José do Rio Preto.

Mas a coisa foi evoluindo, à medida que esse número cabalístico ganhava significados dilmo-socioantropológicos, especialidade do dilmês. Em agosto de 2011, em Salvador, durante apresentação de um certo Programa Estadual de Inclusão Produtiva Vida Melhor, a vida dos 190 já era bem melhor, porque tamanho é documento:

> Por isso, um Brasil rico é um Brasil sem miséria e é um Brasil com vida melhor, porque significa que nós vamos usar aquilo que nós temos de mais precioso, que é: nós não somos um país pequeno. E nós não somos um país pequeno, não é territorialmente; nós não somos um país pequeno porque a nossa maior riqueza é a quantidade de brasileiros e brasileiras que este país possui. Nós somos 190 milhões, e nós não podemos aceitar ser menor que isso."

Encarando essa sandice com alguma boa vontade, era bom saber, àquela altura do primeiro mandato de Dilma, que ela recusava a hipótese de ceder parte da população do Brasil à Venezuela ou à Argentina, como se cogitou.

Um grande momento em torno do imenso poder dos 190 milhões em ação se deu numa entrevista à rádio Tupi do Rio, em julho de 2010 — quando Dilma desenvolveu sua "Teoria Geral do Soluço":

Eu acho que nós estamos mudando porque as coisas elas não se dão por soluço, você não pode sempre achar que você começa uma coisa, soluça, aí ela vira outra e aí você vai sucessivamente (...). A mais importante coisa que nós lançamos foi a importância dos nossos 190 milhões de brasileiros.

Em dilmês, não há nada mais importante que a importância.

Em sua sanha de reforçar o moral do Brasil perante os brasileiros e o mundo, Dilma sempre acreditou firmemente na expressão "em gênero, número e grau". Mas às vezes o gênero se sobrepõe ao número, como em julho de 2011, em Arapiraca: "Nesse imenso caminho que se abre no Brasil, precisamos de muita educação para todos os filhos dos brasileiros e brasileiras."

Os filhos de ambos não seriam as mesmas crianças? Nunca peça explicações ao dilmês — ele não as terá.

Nesse idioma, palavra nunca puxa palavra — mas pode puxar números. A mil dias da Copa, Dilma e Pelé fizeram tabelinha no Mineirão para celebrar o marco. E ocorreu a ela uma jogada de craque em seu discurso de saudação: "E dizer que nós estamos aqui, nos mil dias, com um especialista em mil, especialista pelos seus 1.283 gols. E nós todos vamos convir que um especialista em mil dá muito orgulho pro nosso país."

Ou seja: de cada mil especialistas brasileiros, só um nos dá orgulho. O dilmês sempre tem mais de um sentido — por baixo.

Mas, na hora de dimensionar o Brasil *lulopetista*, o dilmês produz números sempre muito generosos — claro que invariavelmente rompendo a barreira da fantasia, da impossibilidade geográfica, da matemática do "bom censo". Em abril de 2014, num discurso no Pará, Dilma desenhou um Brasil que não está no mapa: "Aliás, dos 50.061 municípios até 50 mil habitantes que existe (sic) neste nosso país, a grande maioria tem até 50 mil habitantes, e foi para esses municípios que nós desenhamos esse programa que eu chamo de Mais Máquinas."

Isto é: só de cidade pequena, temos mais de 50 mil. Fora o resto. Haja máquinas. Porcentagens, isto é, aquela delicada relação de 0 a 100 entre razão e proporção, tampouco são o forte de Dilma. Em março de 2015, na inauguração de uma unidade de secagem no Rio Grande Sul, ao discorrer cobre o deságio do leilão na Ponte Rio-Niterói, ela se ateve à sua marca registrada: a imprecisão.

> Foi muito, houve uma procura imensa, tinham seis empresas que apresentaram suas propostas, houve um deságio de quase... foi um pouco mais de 38%, mas eu fico em 38% para ninguém dizer: 'Ah, ela disse que era 38, mas não é não. É 39, 38 e qualquer coisa ou é 36. Trinta e oito, eu acho que é 39, mas vou dizer 38. Também não tem ser humano que guarde todos os números.

Dilma, enquanto ser humano, não guarda número algum — pelo menos os certos. Aliás, o deságio da ponte não foi de 39 nem 38, mas de 36%. Menos mal. Mal mesmo ficaram os portugueses depois que ela os submeteu a seu senso de proporção — e também à sua gramática. A presidente ainda por cima aumentou o desemprego no país irmão. Foi na volta de uma viagem à terrinha, em 12 de junho de 2013. Já em Brasília, com o dedo em riste, tenta dizer que viu gente pior do que nós:[34] "Em Portugal, daonde (sic) eu... aonde eu cab... ac ... di (sic) onde eu acabei de vir, o desemprego béra (sic) 20%. Ou seja: um em cada quatro (sic) portugueses estão (sic) desempregados. E eles vêm dizê (sic) qui (sic) o Brasil é um país em situação difícil."

Em Portugal, segundo o Teorema de Dilma, o desemprego *béra* o escárnio: o algarismo 1 é plural e, num conjunto de 4, representa

---

[34] Para ver Dilma Rousseff apontar as dificuldades de Portugal: <https://www.youtube.com/watch?v=1hkCfQhmlyw>.

20% — não 25%, como insiste Pitágoras. É por essa sua paixão pela inexatidão dos números que se tornou uma espécie de sátira feminina de Malba Tahan (*O homem que calculava*). O homem e também a mulher. Como diz Dilma, está tudo em casa — fazendo contas.

Essa volúpia aritmética fica patente quando a presidente prestigia, todos os anos, a Olimpíada Brasileira de Matemática das Escolas Públicas. Ela já deu provas de ser o tipo de pessoa que faz as contas mais simples transformando as pontas dos dedos em teclas de uma calculadora digital imaginária. Mas é capaz de reconhecer quando nossos estudantes ultrapassam essa etapa. Em maio de 2014, reuniu, na Cidade das Artes, no Rio de Janeiro, quinhentos medalhistas da competição — a nata, portanto, dos "atletas olímpicos" em matemática. E em seu discurso, para variar, bateu todos os recordes de Nada Sincronizado, Arremesso de Anacolutos, Pensamentos com Obstáculos e Barbarismos sem Barreira.[35]

Àquela altura, os 190 milhões já tinham crescido e se multiplicado. Eram, então, 201 milhões. Mas com um grande viés de explosão populacional. Pois, nesse discurso, Dilma revelaria a existência de dois países — nossos colegas nos Brics — que já haviam ultrapassado a marca de 1 trilhão de habitantes.

Quando a imaginária pistola de partida foi acionada, autorizando a largada, ela se pôs na pista com um sprint fenomenal: "Eu gostaria inicialmente de comprimentá (sic) a cada um dos medalhistas de ouro e a cada uma das medalhistas de ouro." Depois, inicia 100 metros de ideias rasas:

> Dizer para vocês que este é um momento especial pra vocês, para a família de vocês e pro Brasil. E isso significa que nós temos um grande orgulho e por isso eu estou aqui. Por isso, como presidenta

---

[35] Para ver Dilma Rousseff quantificar as populações do Brasil, da China e da Índia: <https://youtu.be/ZtG52buXmN0>.

da República, eu represento este país que quer, que tem ânsia, que deseja que a educação seja o principal caminho dos jovens, das crianças, dos homens e das mulheres deste país.

Naquela semana, a *Economist Intelligence Unit* acabara de divulgar um ranking da qualidade da educação em quarenta nações. O Brasil, então há onze anos e meio governado pelo *lulopetismo*, era o 38º colocado, só à frente de México e Indonésia. Mas a matemática pode ser nossa redenção, como explicava Dilma:

> Porque a matemática, ela tem um poder muito interessante. Ela é a base de todas as ciências, ou seja, a matemática pode ser usada em todas as áreas da ciência. Pode também... é um elemento fundamental para que nós tenhamos capacidade e melhor condição de usar isso que nos distingue, que é o conhecimento e que é a aplicação da lógica e de todos os recursos que a matemática pode trazer para o país.

Explicar a matemática em dilmês é um problema insolúvel. Mas a presidente sempre foi uma entusiasta do raciocínio lógico, filho da aritmética: "Por isso, esse ano, não na formatura de vocês, mas a próxima edição, será a 10ª edição, essa foi a 9ª, a próxima, de 2014, que vamos nós vamos fazer em 2015, será a 10ª. É algo que nós devemos considerar como sucesso."

Sim: um sucesso o 10 vir depois do 9. Entretanto, é aos 31 minutos e 47 segundos da prova (e do vídeo) que — na linguagem dos maratonistas — Dilma bate no muro:

> Nós somos um país excepcional. Nós somos 201 milhões de brasileiros. É pouco, pouco pro tamanho do território. Cês (sic) olham só a Índia e a China, uma tem 1 bilhão e 300 mil pessoas, a outra tem 1... Um trilhão, aliás, não é? Não, é 1 bilhão, 1 bilhão e 850 mil, que é a Índia. Cinquenta milhões [sopro], obrigada, tão (sic) ótimos hoje.

Ótimo é aquele que não confunde 1 bilhão com 1 trilhão? Nem milhão com mil? Quando esses números se referem a pessoas, não são lapsos dentro dos limites basais da inteligência humana — mas abaixo deles.

Dilma já vinha treinando para bater esse recorde olímpico e mundial. Em março de 2013, num encontro dos Brics na África do Sul, relativizou a comparação do seu Brasil com a China deles: "É, mas somos diferentes. Eles têm 1 trilhão e 300 milhões e eu tenho, graças a Deus, 200 milhões."

A proprietária dos brasileiros nunca fala com propriedade. E isso já começa pelo *cumeço* — como se diz em dilmês.

13. Durante os *comprimentos* mais compridos do mundo, dona Maria entrou no discurso errado

De 2009, quando começou a ser balbuciado, até hoje, quando é a marca registrada e a língua oficial da presidente reeleita, o dilmês não teve a mais imperceptível evolução — condição que é própria dos idiomas ao longo dos tempos e da própria fala humana, das primeiras sílabas ao amadurecimento cultural do usuário. Sem usar nenhuma metáfora: a presidente Dilma, há cinco anos no Palácio e convivendo — forçoso reconhecer — com ministros e assessores diretos que dominam os cânones da língua de seu país e conversam com alguma sapiência lógica, ainda fala tão mal, quem sabe pior, do que em seus primórdios como criatura de Lula.

Seus discursos de improviso estão entre os piores da oratória republicana — no Portal do Planalto, há cerca de setecentos, todos transcritos como falados, sem a misericórdia de uma revisão que pelo menos lhes penteasse os fios de pensamento quebradiços e alisasse as misérias de raciocínio. Mas os discursos de Dilma, oferecidos na íntegra por seu próprio governo, pelo menos são sempre fiéis à proposta inicial: expor uma presidente que surgiu por um mau acaso na cena nacional e recebeu das urnas uma missão para a qual não estava minimamente apetrechada.

E, de cabo a rabo, mantêm a coerência. Os discursos de Dilma — nada menos que 24 durante agosto de 2105, na vã pretensão do Palácio de amenizar a crise com aparições constantes da presidente — quase sempre são feitos em circuito fechado e diante de plateias oficiais ou unidas em torno de alguma ação que as beneficiou, como a entrega de chaves da casa própria. Nunca em praça pública. Por isso, seguem um script engessado — que mistura as filosofices de sempre em torno das benesses proporcionadas pelo *lulopetismo* com um recado malcriado às elites insensíveis, tudo num impecável dilmês. Mas é no começo que a coisa já pega.

No *cumeço* — como se diz em dilmês —, era o *comprimento*. *Comprimento* é o cumprimento de Dilma. Até hoje não houve um assessor — nem mesmo Giles Azevedo, supostamente o mais próximo dela — para insinuar-lhe, como quem não quer nada, que comprimento não é uma saudação, mas uma grandeza física. O que ela faz é cumprimentar. No caso dos discursos de Dilma, porém, o comprimento é o que os filólogos chamariam de metonímia. Pois a seção de cumprimentos da discurseira presidencial é a mais comprida do mundo. Nem o secretário-geral da ONU, que tem 192 países membros, levaria tanto tempo para cumprimentar todos os diplomatas presentes numa assembleia geral da Organização. Em dilmês, a introdução laudatória a autoridades e personagens da cerimônia já chegou a levar seis minutos.

Estranha fixação: a mulher que se apregoa implacável com tudo e todos, que não dá trela nem joga conversa fora, insiste há seis anos em fazer média com a nata de suas plateias, não deixando ninguém de fora. Insiste em *cumprimentar* até mesmo quem acabou de chegar com ela ao recinto, como seus ministros e os políticos que a acompanham nas viagens. Em vez de registrar a presença de todos, como seria mais lógico, prefere *comprimentar* um a um. Mais surpreendente ainda: nessa abertura-padrão de seus discursos, há sempre um momento *"cut-cut"* — que não tem nada a ver com a mal-humorada central única de trabalhadores.

Uma amostra pode ser extraída do discurso feito no evento Dialoga Brasil, no Recife, em 21 de agosto de 2015:

> Queria começar comprimentando (sic) as mulheres aqui. Queria comprimentar (sic) esse festival de bandeiras, mas não podemos também esquecer os nossos companheiros homens. E também nossos brasileiros e brasileirinhas, pernambucanozinhos e pernambucanazinhas. Boa noite a todos vocês, muito boa noite.

Os "companheiros homens", talvez para diferenciá-los de eventuais "companheiros mulheres", é outra marca registrada do dilmês. Bem como diminutivos trava-línguas para designar os brasileirinhos. As crianças de Pernambuco jamais, em tempo algum, voltarão a ser chamadas de "pernambucanozinhos e pernambucanazinhas". A menos que encontrem Dilma pela frente de novo.

Seguem-se menções intermináveis aos convidados da primeira fila. Mas, nesse dia, a sessão de *comprimentos* terminou com uma frase-síntese que poderia ter evitado os intermináveis cinco minutos anteriores: "Comprimento (sic) todas as pessoas, cidadãos e cidadãs deste país."

Pronto: isso cobre todo mundo, incluindo os não cidadãos, aqui enquadrados na categoria de "pessoas". Ou seja: os tais 190 milhões. Perdão, os 201 milhões de hoje — que ainda passam vergonha diante do trilhão de chineses e indianos. Não é fácil resolver isso? Uma boa assessoria e pronto: acabaria a penitência da longa seção-comprimento. Mas Dilma quer assim mesmo, enquanto for presidente.

*

Ela é sempre estapafúrdia desde o início fundamental de suas falas. Até na prosaica saudação que abre os trabalhos — que, em bom português, vai de bom dia a boa noite, passando por boa tarde —, Dilma frequentemente introduz a dúvida ou o meio-termo, numa espécie de feitiço do tempo. Foi em outra entrega de chaves do Minha Casa, Minha Vida, desta vez em Feira de Santana, em abril de 2014: "Quase boa noite. Boa tardinha!"

Também foi a primeira e última vez na vida que os feirenses ouviram alguém desejar-lhes "boa tardinha". Mas, nos discursos de Dilma, já houve também casos de anúncio do período do dia por decreto, como na entrega (mais uma) de unidades do MC/MV em Mato Grosso, em abril de 2014. Disse a presidente que sabe o que diz: "Boa a tarde a todos, porque agora já é boa tarde. Boa tarde a todos e a todas aqui."

Ah, sabe a fábula das duas metades? Em sua versão mais grosseira, também pode ser adaptada à saudação inicial — como em novembro de 2012, na cidade de Malhada, Bahia, na inauguração de um sistema adutor: "Eu queria dá (sic) bom dia pra todas as mulheres aqui. E também pros homens. Afinal de contas, afinal de contas, as mulheres são mães de todos os homens. Então tá todo mundo em casa."

Aliás, essas cerimônias de entrega de moradias, que para Dilma têm a dimensão da entrega do Oscar, só que duas vezes por semana pelo menos, propiciam juntar o *comprimento*, o reforço na questão do gênero e a magia da casa própria em sequência. É Dilma no seu melhor mundo, em maio de 2012, em Recife:[36] "Eu queria cumeçá (sic) comprimentando (sic) as mulheres aqui presentes. Eu comprimento (sic) também nossos companheiros, queridos, nossos companheiros homens."

Mas logo sentiu a necessidade de justificar a precedência feminina: "Estou cumeçando (sic) pela mulher porque aqui hoje nós tamos (sic)

---

[36] Para ver Dilma discursar no Recife: <https://youtu.be/4wLUMxs1R84>.

falando de casa. Quando a gente fala de casa, a gente fala da mulher e de criança, de família. Por isso, o meu abraço a cada uma das mães e também dos nossos pais aqui presentes."

Passou batido pela imprensa: como se percebe no final da declaração, o pai de Dilma, Petar Roussev, estava presente naquele dia, prestigiando o acontecimento. E não foi notado.

Dilma sem dúvida instituiu para si mesma a ditadura do gênero. Sua mente a obriga a mencionar, em qualquer situação, que a espécie humana — os *homos* e as *mulheres sapiens* — é constituída de homens e mulheres, não necessariamente nessa ordem. Isso, no *comprimento*, é sempre lei. Em março de 2013, em Brasília, para apresentar a Marcha em Defesa dos Municípios: "Eu quero cumeçá (sic) dirigindo um comprimento (sic) às prefeitas e aos prefeitos, às primeiras-damas e aos primeiros-damos (sic) aqui presentes."

Brincava? Pode ser. O dilmês, porém, nunca parece estar para brincadeira.

Que tal este outro *comprimento*, numa cerimônia de formatura do Pronatec em Santa Catarina, em junho de 2014? "Eu queria comprimentá (sic) aqui as formandas e os formandos agora formadas e formados."

Justiça seja feita à coerência da autora: *comprimentos* estapafúrdios em dilmês começaram lá para trás. Aliás, *cumeçaram*. Em março de 2010, a cerimônia de entrega da primeira etapa do Perímetro de Irrigação do Salitre, em Juazeiro, *cumeçou* mal:

> Comprimentar (sic) a todos que estão aqui neste ato, que é um ato que é um momento de muita alegria. É um momento de muita alegria porque sem dúvida é um cumeço (sic). É o início, o cumeço (sic) de uma nova era. E esse cumeço (sic) é um cumeço (sic) que mostra duas coisas.

Bem, a esta altura já não era necessário mostrar as duas coisas.

Os discursos em dilmês, como já se disse aqui, têm um plano de obra. No dia 16 de setembro de 2015, em Presidente Prudente, para a entrega de unidades do Minha Casa, Minha Vida, o instante ternura foi ainda mais esparramado:

> Bom dia. Eu quero dizer bom dia e muito bom destino, muito bom futuro para cada uma das famílias dos homens, das mulheres, dos meninos, dos menininhos e das menininhas que hoje aqui receberam a sua chave. Quero dizer também bom dia para toda a população aqui de Presidente Prudente, de todos os municípios aqui que compõem esse centro administrativo. E vou cumprimentar aqui as mulheres, os homens, os casais que vocês viram com filhos, que receberam, em nome de vocês, a chave.

Os moradores de Presidente Prudente devem ter ficado emocionados de ouvir sua presidente desejar-lhes "muito bom destino" e "muito bom futuro" — o que também jamais tinham ouvido de ninguém. Mas os menininhos e as menininhas da cidade ainda se ressentem de não terem sido chamados de "prudentinozinhos e prudentinozinhas".

Pior é o que ocorre com alguns dos *comprimentados*. Com tanta localidade a ser visitada, tanta gente a ser citada, não se espere de Dilma a precisão vernacular que nunca teve: ela erra nomes de pessoas e de cidades, cargos, títulos, datas, números. O prefeito de Fortaleza, Roberto Cláudio, foi chamado de Antonio Cláudio. O deputado mineiro Leonildo Bouças virou Bossas. Aldo Rebelo, em sua posse como ministro dos Esportes, foi Rabelo pra lá e pra cá.

E, é claro, além de nomes, Dilma usa sempre as palavras erradas em situações certas. No Rio de Janeiro, em evento do MC/MV, elogiou o prefeito Eduardo Paes por "apontar com o dedo". O governador Pezão talvez tenha ficado preocupado com a possibilidade de ser *comprimentado* por apontar com o pé.

Claro que, com tantas viagens, há também nos discursos de Dilma o risco constante de troca de... cidade. Aquela sexta-feira, 19 de outubro de 2012, foi inesquecível para a população de Cajazeiras, um dos bairros mais populosos de Salvador: os cajazeirenses estavam divididos entre o último capítulo da novela "Avenida Brasil" e um comício da presidente, que tentava turbinar seu candidato a prefeito de Salvador, Pelegrino Jr. Mas quem preferiu Dilma à vilã Carminha assistiu a um folhetim melhor: a presidente sendo nocauteada pelo nome do bairro onde enfrentou Carminha.

Bem desenvolta sobre o palco improvisado, era uma Dilma super à vontade, disposta a liberar seu lado animadora de auditório, que lapidava dia a dia. E então veio a saudação inicial, obrigatória. Desta vez, não havia dúvida — era noite. O problema seria aquele nomezinho enjoado, que nem as três irmãs da novela "O Bem-Amado" tinham conseguido fixar na mente de Dilma: "Boa noite, Cazajeiras (sic), boa noite à Bahia, boa noite, Salvador."

Silêncio. Prossegue: "Eu, quando chego aqui, tenho um sentimento. O sentimento é de gratidão. Imensa gratidão por cada mulher e por cada homem desse estado, dessa cidade, desse bairro de Cazajeiras (sic)..."

A dupla cacofonia suína passou batido. Mas o nome do bairro, na fala de Dilma, realmente não soou bem, e pela segunda vez — era como se um presidente da República, num comício na Praça da Sé, chamasse São Paulo de São Saulo. Os cajazeirenses presentes então reagiram em pequeno e modesto coro, com um alarido ainda tênue, para tentar alertar a presidente: "Cajazeiras!"

"Cazajeiras!", ainda reincide Dilma, por reflexo condicionado. Mas, enfim, detecta que aquela reação do povo é um alerta troca-letra. "Ca-ja-zei-ras", escande cada sílaba. "Ca-ja-zeiras", repete, triunfal, para não deixar dúvidas de que sua mente, como dizem os áulicos, é um mata-borrão de informações e conhecimentos. Era preciso, no entanto, trazer à cena uma revelação bombástica — daquelas que, pelo menos, encerram um bloco de novela. Lá vem: "Tem hora que eu fico tatibitate, viu, gente?"

Admitir certa dificuldade de expressão, e sem tropeçar na palavra tatibitate, foi um momento histórico na trajetória de Dilma. Cazajeiras, ou Cajazeiras, teve esse mérito.

Em agosto de 2013 seria pior. A caudalosa seção de *comprimentos* de um discurso de Dilma se viu invadida por uma personagem que não deveria estar lá — mas, sim, no segundo discurso presidencial do dia, naquela tarde. Foi em Campinas — e, para variar, num evento para entrega de chaves da casa própria:[37]

> Senhoras e senhores. Eu quero cumeçá (sic) contando uma história pra vocês de uma mulher que estudou somente até a 5ª série ginasial e... aliás, a 5ª série do curso fundamental, porque vivia na roça com mais nove irmãos e não teve condições de continuar estudano (sic)...

Mayday!

Quem disse que Dilma não tem senso de autocrítica? O evento era de entrega de casa própria e essa personagem, até mesmo para ela, soava como uma senhora que parecia ter muito mais a ver com educação — aliás, o tema do discurso da tarde. A pobre intrusa — que mais tarde seria apresentada como dona Maria — entrara numa casa que não era sua. E no papel. Foi assim que a presidente percebeu a troca de discursos.

É possível que o assessor que lhe entregou a papelada trocada tenha recebido mais tarde não só vários "meu querido" ameaçadores como uma massagem nas gengivas com um tijolo do Minha Casa, Minha Vida. Estupefata, mas controlada, Dilma tentaria consertar.

---

[37] Para ver Dilma Rousseff embaralhando eventos: <https://youtu.be/rCXV4vZ2tYk>.

A seu modo: "Mas essa mulher... eu vou tratá (sic) dela nu, na próxima cerimônia que eu vou participar aqui em Campinas, que é a formação do Bolsa Família..."

Formação do Bolsa Família? Agora virou Bolsa Escola? Será que trocaram de novo? Não: foi o link possível para Dilma teletransportar a figurante Maria à cerimônia seguinte, à qual efetivamente pertencia, sem dar o braço a torcer.

Não há nada que não possa ser consertado em dilmês:

> Quiquié (sic) formação do Bolsa Família? Quando a gente dá o Bolsa Família, nós estamos permitindo que as pessoas sobrevivam... Quando a gente dá o Bolsa Família, nós temos de dá (sic) também condições pras pessoas mudarem de vida. Mudá (sic) de vida ocê (sic) muda de várias formas. Primeiro a casa própia (sic). Segundo, curso profissionalizante pra pessoa tê (sic) a carteira assinada e podê (sic) consegui (sic) um emprego.

A quem interessar possa, à tarde, Maria, que invadira por engano o discurso da casa própria, voltaria com tudo, então na fala certa. Mas, na plateia, foi obrigada a ouvir a profissão de fé da presidente na educação e nos nossos mestres: "E o professor, o professor, a pessoa professor e professora, nós, sociedade brasileira, governo, estudantes, nós temos de valorizar. Independentemente de quem quer que seja, nós carregamos a educação que nós conquistamos para nós."

Sim, Dilma carregou a sua, por esse mundo afora, a bordo do dilmês.

14. Antologia do dilmês: (quase) o melhor do pior

Qualquer antologia do dilmês, garimpada a partir da dissecação de discursos e entrevistas de Dilma Rousseff, enfrenta uma grave contradição conceitual: o melhor — critério absoluto das antologias — é sempre o pior.

Em outras palavras: o dilmês, para usar o chavão favorito da presidente, tem a imensa capacidade de fascinar as pessoas pelo que tem de mais grotesco — a ausência dramática, irrecuperável, de qualquer sequência de palavras que sugira uma fração de inteligência ou um esboço de raciocínio lógico. Só conceitos rudimentares, repetitivos, mal-ajambrados. Uma sintaxe patológica que agride as mais elementares leis da gramática, da oratória e da argumentação — e que, pela generalização, muito provavelmente decorre da falta de conhecimento dos temas abordados. Todos.

Mas as pérolas do dilmês têm, de novo, essa imensa capacidade de impor seu lado mais pitoresco — e menos o da gravidade que representam vindas de alguém que preside um país e que precisa fazer uso da palavra todos os dias, a fim de formular e explicar suas decisões de governo à equipe e à população. É triste pensar que o Brasil, a partir de sua cúpula, é pensado em dilmês.

No entanto, o folclore que se criou em torno do dilmês é bom para a presidente, simplesmente porque seus tropeços diante de um microfone não são levados a sério. Ultimamente, flagrantes de fato marcantes desse estranho idioma se tornaram *memes* nas redes sociais, rendendo versões satíricas — como se não fossem sátiras por só — e listas Top 5 ou Top 10. São quase sempre os mesmos, quase todos bem recentes: a saudação à mandioca, a meta zero que é dobrada quando alcançada, a criação da *Mulher sapiens*, a pasta de dente que volta ao dentifrício e os cientistas da Arca de Noé. O dilmês, porém, tem um universo muito mais amplo. E constrangedor.

Uma dilmoteca básica não terá menos que 2 mil manifestações notáveis, coletadas pelo autor e mantidas em suas prateleiras. Todas mereceriam entrar para a galeria deste livro. Mas, é claro, o preço do papel impõe limites e obriga a alguma forma de seleção — ou este livro seria mais volumoso que o mais alentado comentário bíblico já produzido. Reconheça-se que, para proceder a qualquer garimpagem do dilmês, não existem critérios abalizados e definitivos do ponto de vista da filologia desse neoidioma: o todo forma um painel indivisível de uma quadra importante, embora absurda, da história brasileira. Se, contudo, um júri de notáveis dilmólogos fosse premido a escolher o melhor/pior momento do idioma, é provável que a figura oculta de um cachorro viesse atrás de cada criança e cada jurado.

Foi na Assembleia Legislativa de Porto Alegre, no dia 12 de outubro de 2013. O Dia das Crianças. Dilma estava ali para a cerimônia de anúncio de investimentos do PAC Mobilidade Urbana na capital gaúcha. A ocasião renderia um prato cheio para as *antropologices* da presidente, porque a primeira-dama de Porto Alegre, Regina Becker Fortunati, fazia um belo trabalho de proteção aos animais — sobretudo cães de rua. A costura dos temas deve ter sido cuidadosamente planejada na véspera por Dilma e assessores. Mas a linha de pensamento era dela, lógico. E assim foi aberta a seção *comprimento* do discurso daquela ocasião — talvez o zênite do dilmês:

> Eu, primeiro, queria dirigir um comprimento (sic) aqui aos nossos prefeitos e às nossas prefeitas, e dizer que muito me honra a presença deles aqui hoje. E, em especial, uma vez que eu estou aqui nesta cidade tão querida que é Porto Alegre, comprimentar (sic) o nosso prefeito Fortunati e a querida, a primeira-dama Regina Becker. Principalmente porque, se hoje é o Dia das Crianças, ontem eu disse que criança... o Dia da Criança é dia da mãe, do pai e das professoras, mas também é o dia dos animais. Sempre que você olha uma criança, há sempre uma figura oculta, que é um cachorro atrás, o que é algo muito importante. Então, comprimento (sic) também pela sua dedicação, Regina, a essa causa.

É, sem dúvida, um momento histórico — mas dele não há um vídeo conhecido. Só o áudio do trecho principal, que sugere uma Dilma mais contida, mais serena.[38] É um dilmês cerimonioso, legislativo. Mas estúpido, como sempre. De novo, é perfeitamente possível imaginar o que a presidente quis dizer: crianças e cães são amigos inseparáveis, até quando não estão fisicamente juntos. Claro que não deveria dizer dessa forma. Um estudo mais apurado dessa sandice concluirá que supera até o padrão Dilma — daí sua justificada fama como o instante mais alto/baixo do dilmês. Sem dúvida, "o que é algo muito importante" coloca as coisas em seu devido lugar: "está tudo em casa", como costuma dizer.

Novamente o dilema da seleção: no exame de cerca de 2 mil amostras coletadas numa prospecção sem muito método — pois o método é o próprio dilmês —, usou-se um critério mais matemático do que filológico: aqui vão 63 frases, sem rigor da ordem cronológica, porque o dilmês é imutável através dos tempos.

Às vezes há mais de uma citação num único evento — no total, entretanto, equivalem aos sessenta meses de governo de Dilma

---

[38] Para ouvir o trecho em que Dilma homenageia o cachorro oculto: <https://www.youtube.com/watch?v=VtCKVS6xY2c>.

Rousseff alcançados por este livro, mas abrangendo, necessariamente, também o período de campanha, o prelúdio do dilmês.

Escolha o assunto: futebol, cinema, seca, caminhoneiros, jacaré, ETs, chuva, barragem, açude, ponte, homem, mulher, criança, papa.

O dilmês em 63 lições imprestáveis

Uma tabelinha entre Neymar e Ganso interrompida por uma humilde chinelada do dilmês

Em maio de 2010, queriam saber a opinião da candidata Dilma sobre tudo — inclusive sobre a seleção que seria convocada por Dunga, técnico padrão Dilma, para a Copa daquele ano. O comentário foi de camisa 10:[39]

1. "Na minha humildade, né, no meu chinelo da minha humildade, eu gostaria muito de ver o Neymar e o Ganso. Porque eu acho que onze entre dez brasileiros gostariam. Porque deu alegria ao futebol. Porque, a gente... Eu vi. Cê (sic) veja, eu já vi. Parei de vê (sic), voltei a vê (sic). E acho que o Neymar e o Ganso têm essa capacidade. Fazê (sic) a gente olhá (sic). Porque é uma coisa que, né, mexe com a gente. Tem esse lado brincalhão e alegre."

Sorte de ambos: não foram convocados para a Copa de 2010.

A insegurança pública do dilmês: "Cê combate pra derrotá"

Em entrevista coletiva em maio de 2010, em Salvador, a técnica da seleção deu lugar à secretária nacional de segurança pública. Discorreu com desenvoltura sobre o tema:[40]

---

[39] Para ver Dilma palpitando na convocação de Dunga para a Copa de 2010: <https://youtu.be/3ZNtYV35XCg>.
[40] Para ver Dilma revolucionar a segurança pública: <https://youtu.be/U7XfMey2OUo>.

2. "Criamos a Força Nacional de Segurança Pública e vamos tê (sic) de expandi (sic). A Força Nacional de Segurança Pública ela foi criada justamente porque era necessário que houvesse uma força nacional em que, em casos de extrema gravidade, no que se refere à segurança pública, pudesse haver uma intervenção."

Mas, já naquela época, ela tinha a fórmula para o Brasil ser hoje, como é, um dos países mais seguros do mundo:

3. "Nosso negócio não é só combatê (sic). É derrotá (sic). Quando o negócio é derrotá (sic), cê (sic) tem de descobri (sic) em que condições cê (sic) derrota."

Rota de fuga do Nordeste: o Brasil

Na fase da pré-campanha, o guru Marcelo Branco criou vários instrumentos para enfronhar Dilma nas redes. Um deles era o *dilmanaweb*. E já na primeira aparição, na primeira linha, o primeiro espanto: o hoje lendário "Primeiro eu queria comprimentar (sic) os internautas. Oi, internautas". Mas o papo daquela estreia evoluiria para — adivinhe — a sólida formação cultural de Dilma, na qual a cinéfila rivaliza com a leitora voraz. Na mais tenra juventude, ela frequentava cineclubes em Belo Horizonte. É hora de juntar a sétima arte à sétima seca:

4. "A gente assistia e discutia. Naquela época até era considerado um pouco avançado e muito subversivo discutir filme. Cê (sic) imagina a discussão que saía quando você discutia *Vidas secas*, porque em *Vidas secas*, né, tá retratado todo o problema da miséria, da pobreza, da saída das pessoas do Nordeste pro Brasil."

Oração aos caminhoneiros: Dilma desce a ladeira na banguela

A grande oradora do Congresso Nacional dos Sindicatos dos Transportadores Autônomos de Carga, realizado no Senado em abril de 2010, foi a futura presidente. E algum assessor deve lhe ter sugerido que comparasse epicamente os caminhoneiros com os antigos navegadores — segundo aquele "verso de Ulysses". Saiu isto:

5. "Vocês, como naquela época, vivem com a solidão, com saudades das mulheres e dos filhos, ou dos maridos e dos filhos, queridas companheiras, para levar progresso para todo o Brasil", disse a uma plateia exclusivamente masculina, que estranhou um pouco a menção aos maridos.

Mas o aforismo de Fernando Pessoa que pretendia usar era outro: "Tudo vale a pena se a alma não é pequena." Ficaria assim:

6. "Sei que a alma de vocês são (sic) enormes porque convivi com vocês. Vamos pavimentar juntos a estrada da vida e não da morte, da segurança e do desenvolvimento do país e não da estagnação dele."

O dilmês na boca do jacaré

Também em abril de 2010 Dilma fez "palestra" na Federação das Indústrias do Rio Grande do Sul (Fiergs). Depois, deu entrevista ao site do *Zero Hora*. No vídeo correspondente, explica sua amizade com Lula:

7. "A nossa relação é como uma relação que qualquer pessoa tem com uma pessoa que ela priva da intimidade, né?"

Mas a notícia quente, àquela altura, era a subida de Serra nas pesquisas, então empatado com ela:

8. "Tanto pu (sic) bem quanto pu (sic) mal, pesquisa retrata o momento. Num (sic) pode, cê (sic) num (sic) pode olhá (sic) uma pesquisa e falá (sic): bom, fechou a boca do jacaré, empatou e tá tudo muito bem. Num (sic) é possível uma coisa dessas."

Proteger os bebês da perda da mãe: a proposta do dilmês para a delicada questão do aborto

Em agosto de 2010, num debate promovido pelo site UOL, o tema saúde veio à tona. E, nele, um assunto tabu, ultradelicado, que naturalmente seria tratado com muita sensibilidade pela primeira mulher com chance de chegar à Presidência da República: o aborto. Sua tese central, entretanto, já foi polêmica:

9. "Eu não acredito que tenha uma mulher que seja favorável ao aborto."

Mas qual seria a política de seu governo no caso de a mulher, mesmo não sendo favorável, desejar fazer um aborto?

10. "Acho que o Brasil tem de ter uma política de saúde que permita à mulher menos protegida, e a seu filho, no caso dela recorrer ao aborto, né, e seus filhos serem protegidos da perda da mãe também."

Seria cômico não fosse absolutamente trágico.

O primeiro tijolinho da casa própia

Na campanha de 2010, Dilma já fazia as vezes de Lula — como sua provável sucessora. Na inauguração do primeiro tijolo do Minha Casa, Minha Vida em Governador Valadares, Minas Gerais, em fevereiro daquele ano, ela lançaria a pedra fundamental de sua casa mágica:

11. "Sem sombra de dúvidas, a casa é o lugar mais sagrado onde a gente tem condição de construir uma coisa que protege cada um de nós e que faz com que cada um de nós não esteja sozinho no mundo, é a primeira coisa que é a família."

Depois, como se sabe, a casa *própia* de Dilma ganharia outras finalidades. Esse foi só o *cumeço*.

Quando o dilmês não deixa a menor dúvida

Apesar da ênfase no sotaque de Capetinga em alguns discursos mais populares, chegaram a duvidar que Minas fosse a terra natal de Dilma — que, pela demonstração de total desconhecimento dos estados que visitava, dava a impressão de ter nascido em lugar nenhum. No Vale do Jequitinhonha, para a inauguração da barragem do rio Setúbal, em 19 de janeiro de 2010, falou duro sobre o tema — no momento em que algumas correntes do PT, sobretudo as mineiras, exigiam dela uma ênfase mais firme em relação às suas origens. Dilma deve ter se inspirado numa afirmação de seu antecessor na Casa Civil, o amigão José Dirceu ("Tenho certeza de minha inocência"), e lançou seu protesto:

12. "Agora, eu não vou concordar que haja uma discussão para saber se eu sou mineira ou não sou. Eu não tenho a menor dúvida que eu sou mineira."

Uma admiradora do ET de Varginha e da creche infantil

Em setembro de 2010, na cidade mineira nacionalmente conhecida pelo folclore em torno de um ET local, o dilmês decolou para outras estratosferas. Afinal, que Brasil queríamos ou não queríamos, segundo a futura presidente?

13. "Nós queremos que o Brasil pare de crescer? Nós queremos um Brasil que não dê oportunidade pras nossas crianças, não as proteja do crack? Nós queremos um Brasil que seja um país, seja o melhor país pra se vivê (sic)? Queremos."

E, no mesmo dia, numa entrevista às rádios locais, quis-se saber o que pensava a candidata sobre o ET varginhense. Foi quando irrompeu uma rara Dilma Paz e Amor, que não economizava reverência ao extraterrestre local:[41]

14. "Queria te dizer que tenho muito respeito pelo ET de Varginha. E eu sei que aqui quem não viu conhece alguém que viu, ou tem alguém na família que viu, mas de qualquer jeito eu começo dizendo que esse respeito pelo ET de Varginha está garantido."

Em agosto de 2013, ela voltaria à cidade, que teria lugar de respeito numa antologia do dilmês, para falar de creche; das 6 mil creches prometidas na campanha de 2010, e ainda prometidas, embora não comprometidas. Para que serve uma creche, afinal?

15. "Mas eu queria só falar a importância da creche. A creche não é só porque a mãe precisa de trabalhar não, viu, gente? A creche

---

[41] Para ouvir Dilma Rousseff manifestar seu respeito pelo ET de Varginha: <https://www.youtube.com/watch?v=iwljwjYFz2Y>.

não é por causa disso. Pode até ser um plus, pode ser um plus, esse, mas a creche é para a criança."

Mim vai cuidá do povo brasileiro

Em setembro de 2010, favoritíssima nas pesquisas, continuava jurando fidelidade a Lula. Claro: era seu único trunfo nas eleições à Presidência. Sozinha, Dilma seria uma urna em branco. Mas os juramentos em dilmês são, no mínimo, esquisitos. Disse ela, em Joinville, em setembro de 2010:

16. "Eu vou honrá (sic) o compromisso que eu tenho com o presidente Lula, que ele está deixando pra mim cuidá (sic) da coisa que ele mais ama no mundo, que é o povo brasileiro."

O lema "Brasil, Pátria Educadora" ainda estava em gestação.

A impunidade impune do agressor à mulher

Já eleita, os temas de gênero pautavam sempre as entrevistas da primeira mulher presidente. A Lei Maria da Penha, promulgada por Lula em 2006, ganhou então a versão Dilma Rousseff numa entrevista ao Jornal da Band:

17. "A Lei Maria da Penha é clara, ela pune com prisão, qualquer, seja quem seja que faça, qualquer agressor à mulher."

A crase, que segundo Ferreira Gullar não foi feita para humilhar ninguém, acabou agravando a situação da mulher agredida.

Seja quem seja que diga isso, terá sido Dilma — só o dilmês é capaz de complicar a situação de uma mulher agredida na tentativa de defendê-la.

Mas o importante é: vai acabar a impunidade? Para Dilma, a impunidade dá voltas sobre si mesma:

18. "A impunidade é um fator que dá as pessoas que cometem crimes a sensação que elas podem cometer sem punição."

Um sigilo mais ou menos sigiloso

Em nova coletiva, em junho de 2011, uma repórter abordou o polêmico projeto que acabaria com o sigilo permanente de documentos secretos oficiais, proposta que aparentemente não era comungada pela presidente, que tentava evitar sua aprovação. Foi uma resposta aberta:[42]

19. "Mas é simplesmente você procurar na Lei do Sigilo, que vocês chamam de Lei do Sigilo, e olhá (sic) que ela não é Lei do Sigilo. Ela é o quê? É uma lei que tenta disciplinar o que antes era sigilo absoluto para em que condições que se abre, como se abre."

O dilmês pede carona nos metrôs-fantasma

Inspirada por Lula, mas de forma mais primária, Dilma insiste até hoje em afirmar que o Brasil civilizado nasceu em 2003 — quando ele assumiu. Para provar sua tese, ela sempre garantiu, de forma peremptória, que nunca existiu metrô no país. E não diz isso de forma figurada, metafórica — mas explícita. Não existe metrô nem em São Paulo nem no Rio. Dilma fala sério:

20. "Eu não sei se vocês sabem, mas na década de 80 tentaram fazer metrô no Brasil. E houve... Tem sempre aquele pessoal que fala: 'Não faz metrô, isso não é adequado porque o Brasil é pobre, me-

---

[42] Para ver Dilma falar do sigilo sobre documentos oficiais: <https://youtu.be/MLtaSmWVrcg>.

trô é coisa de gente rica.' E não fizeram o metrô, e o que acontece nas nossas grandes cidades? Nós temos grandes problemas de trafegabilidade, as pessoas ficam muito tempo dentro dos ônibus indo para o trabalho e do trabalho para os ônibus."

A falta que faz o metrô em cidades como São Paulo e Rio: na volta do trabalho, as pessoas levam mais tempo para entrar num ônibus do que voltando para casa neles.

O dilmês navega o Capibaribe de gôndola

Em março de 2012, num inspiradíssimo discurso no Recife, considerado um dos piores/melhores do acervo de Dilma, ela voltou a falar em transportes urbanos — e tocou num ponto nevrálgico, nunca antes abordado em público: para que serve o transporte mesmo?

21. "Uma das questões principais pra quem mora e pra quem trabalha numa cidade é como se movimentá (sic). Cumé (sic) que sai de casa e vai trabalhá (sic), cumé (sic) que sai de casa e vai passeá (sic). Essa questão é fundamental numa cidade."

O Recife, particularmente, merece uma atenção redobrada, porque tem uma característica diferente das demais cidades brasileiras:

22. "Recife, capital de Pernambuco, e toda a região metropolitana do Recife são um dos grandes polos de concentração de brasileiros e brasileiras neste país."

Aliás, cidades são um problema a ser atacado. A receita de Dilma:

23. "Nós não podemos relegá (sic), nós não podemos abandoná (sic), nós não podemos deixá (sic) as nossas cidades degringolarem,

nós não podemos deixá-la (sic) entrar em decadência, nós não podemos deixá (sic) que aonde a gente mora não tenha aquele cuidado que a gente coloca na casa da gente."

Mas o Recife tem um trunfo. O lendário rio Capibaribe, junto com seu irmão Beberibe, está mitologicamente destinado a um *upgrade* oceânico — no folclore das origens do Recife, os dois rios deram origem ao Atlântico. E Dilma deve ter ouvido falar nisso:

24. "Uma cidade que foi construída porque aqui tinha dois rios que formava (sic) o Oceano Atlântico tem de valorizar esses rios."

O novo Capibaribe, criado com ajuda do governo federal, em breve confirmaria, na prática, o apelido de Veneza brasileira cunhado para Recife com algum exagero. Não faltarão as gôndolas:

25. "Posso dizer pra vocês que muitos brasileiros e estrangeiros virão aqui só pra andar de barco no rio Capibaribe. Vocês vão usá (sic) como transporte. Nós vamos vim (sic) aqui e aproveitá (sic) da beleza também."

Cinco anos mais tarde, a profissão de gondoleiro do Capibaribe ainda não estaria entre as mais promissoras do Recife.

Terror no karaokê

Já se sabe: falando dela mesma, a presidente consegue ser ainda mais desarticulada. Dilma Rousseff é um assunto que Dilma Rousseff tampouco domina, como nesta entrevista à rádio Tupi do Rio, em janeiro de 20

26. "Geralmente eu canto numa certa altura quando faz aquela festas, aquelas reuniões e em que alguém tem muito boa voz

Aí vou te contar como é que a gente faz. Eu tenho uma voz que é um horror. Aí você fica perto do que tem boa voz e como eu sei a música eu canto seguindo ele."

Não foi Dilma quem forneceu a resposta para um dos enigmas da vida: por que pessoas que não sabem cantar adoram karaokê e as que não sabem falar vivem dando entrevista?

Olhai os lírios do dilmês

27. "Eu assumo o compromisso de assegurá (sic) que a vida dos filhos dos agricultores e das filhas, e dos agricultores, não será uma vida diferente porque eles estão no campo."

Incorreção na fonte: o passado ficou para trás

Em entrevista coletiva no Acre, em março de 2015, Dilma demonstrou ignorar também que qualquer correção nas regras do Imposto de Renda só valeria para o ano seguinte. Naquele caso, o que acabara de assinar se aplicaria apenas a 2016. Só que, segundo ela, era pra já.

28. "Ele só vige a partir do... é bom dar uma olhadinha nisso — ele só vige a partir da declaração que vai ser feita agora e ocorre a partir de abril, você não tem como retroagir isso, porque já está feita, não é? A do ano passado foi feita no ano passado. Agora nós vamos fazer a próxima, então não tem garfada nenhuma, porque no ano passado não tinha essa situação. Ou seja, o ano passado, o ano passado. Tinha um amigo meu que dizia: 'O passado é assim: passou.'"

O feminicídio e a morte do raciocínio específico

Na cerimônia de sanção da lei que tipifica o feminicídio, em março de 2015, Dilma deixou dúvidas sobre se compreendera bem o que vinha a ser feminicídio — mas, por via das dúvidas, trucidou a lógica.

29. "Essa morte pelo fato de ser mulher, ela torna a questão de gênero no Brasil, a questão de gênero e da questão do gênero feminino no Brasil, uma questão específica e especial junto com outras categorias, como a questão de morte por ser negro."

Dilmês bossa-nova

No pior discurso jamais feito nos 450 anos do Rio de Janeiro desde a primeira continência de Estácio de Sá, Dilma aproveitou para lançar um desafio aos musicólogos brasileiros: quem é o misterioso compositor de "Ele desdobra para dentro do mar"?

30. "Então, o centro histórico do Rio, além da beleza arquitetônica, de tudo o que ele tem, porque como dizia a música 'Ele desdobra para dentro do mar' e, portanto, o centro do Rio está na beira do mar, o centro do Rio se conjuga com o mar."

Na mesma cerimônia, uma saudação às araras, a mandioca dos pássaros:

31. "Eu, sempre que passava do túnel, ao chegar ali, eu sempre pensei nisso também, deve ter sido uma quantidade de araras, uma quantidade de pássaros, deve ter sido um festival de cor. O Rio de Janeiro, mesmo que não tenha mais tantas araras, ele mantém a imensa da beleza natural que nunca será tirada dessa cidade. Mas não basta ela não ser tirada e ela ser natural. E aí entra toda, também, a nossa história, que é refletida aqui."

Todas as populações do Rio

Ainda no Rio, em anúncio de investimentos para a implantação da Linha 3 do metrô em São Gonçalo, a teoria geral do Estado de Dilma Rousseff:

32. "Eu sou presidenta de todos os brasileiros. O governador é governador de todos os moradores do estado do Rio de Janeiro, e o prefeito é prefeito de cada uma das populações da sua cidade."

Justamente por causa disso, naquele dia o dilmês perderia o rumo propriamente dito, talvez perturbado pela presença do ministro Lobão:

33. "Estou com o ministro Edison Lobão, das Minas e Energia, porque nós vamos lá em Itaboraí... desculpa, eu não vou em Itaboraí, eu vou lá em Inhaúma. Em Itaboraí eu ainda irei. É que eu vi... como eu vi o Comperj, eu vi o prefeito, eu falei assim para mim mesma: eu vou lá no Comperj. Mas hoje, viu prefeito, eu não vou no Comperj, não, eu vou lá em Inhaúma, no estaleiro, por isso que eu estou aqui com o ministro Lobão."

Vocês são vocês e vice-versa

Na cerimônia de formatura do Pronatec na Paraíba, em maio de 2015, "vocês" foi o campeão do dilmês:

34. "Quero desejar a vocês que nenhum de vocês desista de estudar e quero desejar a vocês que o esforço de vocês seja recompensado pela capacidade que vocês terão de transformar a vida de vocês e da família de vocês".

Voando bem baixo

Sempre um voo cego no espaço aéreo das decolagens mentais, o dilmês fez um pouso de emergência na assinatura de implantação do BRT em Goiânia, em março de 2015:

35. "Já que eu falei de transporte, eu vou falar, ao mesmo tempo, do aeroporto. O aeroporto que é uma outra forma de transporte. Aliás, outra infraestrutura, me desculpe, outra infraestrutura de transporte, para uma outra forma que é a forma dos aviões, que são essenciais nesse país continental."

O dilmês não conhece Dubai

Mesmo diante da seca, o dilmês jamais dá refresco, como em Goiânia, em março de 2015:

36. "Porque água é vida, e uma cidade — e aí que eu vou encerrar minhas palavras — uma cidade, ela vive de pessoas que sempre as pessoas procuraram construir as cidades onde havia oferta de água."

Tem cara de dilmês. E é dilmês

De novo no Rio, também em março de 2015, mês fertilíssimo para o dilmês. Obras de expansão do Porto do Futuro. De novo Pezão e Eduardo Paes na plateia do espetáculo que é Dilma tentando resgatar palavras das trincheiras da mente.

37. "Finalmente eu queria falar uma outra coisa: nós tivemos recentemente, eu tive (sic) aqui aliás, recentemente, no aniversário do Rio, com o Pezão e o Eduardo Paes na questão ali, na inaugura-

ção ali do Porto Maravilha, daquele... aquele é um mergulhão, você chama de túnel, mas tem uma cara de mergulhão que... mas mergulhão seco. Eles chamam, tem vários nomes... em Minas Gerais, chamam de... daquela coisa que fazem na guerra, como é que chama? Trincheira, em Minas Gerais chama trincheira. É uma trincheira, tem cara de trincheira."

A mulher que estava lá

Se um dia for preciso isolar uma manifestação inconfundível do dilmês para um estudo neurolinguístico, eis uma grande amostra:

38. "Eu estou muito feliz de estar aqui em Bauru. O prefeito me disse que eu sou, entre os presidentes, nos últimos tempos, uma das presidentes, ou presidentes, que esteve aqui em Bauru."

O primeiro dilmês a gente nunca esquece

Na entrega de unidades do Minha Casa, Minha Vida em São Paulo, Dilma insinuou que o Brasil jamais esqueceria o 31 de outubro seguinte — data do segundo turno das eleições presidenciais de 2010.

39. "Todos nós aqui sabemos que cada um de nós escolhe — a vida faz a gente escolher — alguma das datas em que a gente nunca vai esquecer dessa data."

Na Fonte Nova, o dilmês foi ao Tororó — e não achou

Na inauguração da Arena Fonte Nova, em Salvador, em abril de 2013, uma revelação inédita para a biografia de Dilma: passou a infância em Salvador.[43] Ou só ia lá para beber água no Tororó:

---

[43] Para ver Dilma discursar em Salvador como se estivesse no Tororó: <https://www.youtube.com/watch?v=0iJ0GF3wcAo>.

40. "Mas queria dizer uma coisa muito especial aqui desta Arena Fonte Nova. Eu me refiro a algo que foi bastante, mas bastante enfatizado pelo governador, que é essa ferradura. Esta ferradura dá uma atitude, um perfil e uma cara especial a este estádio. Mostra esta que é uma das características maiores desse povo, que é a criatividade. Um estádio que tem um momento especial em que ele se vira e se volta para nossa querida — pra mim, querida, porque me lembra minha infância — Fonte do Tororó, onde eu fui beber água."

Um símbolo da travessia do português para o dilmês

Na inauguração da Ponte de Laguna, em Santa Catarina, em julho de 2015, a mesma presidente que faz circunvoluções para tentar descrever uma casa então foi em linha reta: uma ponte é uma... ponte.[44]

41. "Essa ponte, essa ponte, ela é um exemplo disso. Porque o que quié (sic) uma ponte? Uma ponte é geralmente, e é algo que nós devemos nos inspirá (sic), porque uma ponte é um símbolo (sic) muito forte. Pensem comigo, uma ponte ela une, uma ponte fortalece, uma ponte junta energia, uma ponte permite que você supere obstáculos."

Precisa de aprender português

Na cerimônia de formatura do Pronatec em São Paulo, em fevereiro de 2014, Dilma confirmou que era preciso pagar bem os professores, quando nada para que não repetissem "precisamos de pagar":

---

[44] Para ver Dilma Rousseff refletir sobre os significados de uma ponte: <https://www.youtube.com/watch?v=aZQDftM5KOY>.

42. "Agora, vocês podiam me perguntar uma coisa: tem curso de boa qualidade sem professor bem pago? Eu digo para vocês, sou presidenta da República, que não tem não. Nós precisamos de pagar bem os professores."

Só se pode parar de estudar para ser presidente da República

No mesmo discurso, na Assembleia Legislativa de Porto Alegre, no qual colocou a figura oculta do cachorro atrás de cada criança, Dilma fez uma profissão de fé nos benefícios da educação, baseado nos critérios da ONU:

43. "Porque uma coisa é um grande país, outra coisa é uma grande nação. Uma grande nação é grande porque a sua população é grande. E nós só podemos ser de fato um país desenvolvido, não é se nosso PIB crescesse — é também —, não é só se nós descobrirmos mais riquezas — é também —, mas é, sobretudo, se nós mudarmos radicalmente a qualidade da educação prestada às crianças e aos jovens deste país, e também aos adultos, porque também adulto não pode pará (sic) de estudá (sic), não."

Há exceções muito bem-sucedidas.

A incrível parceria entre Tom Jobim e Dilma Rousseff

Volta e meia, a Dilma de todas as artes salta à frente da supergerente para desfilar suas abobrinhas sem tempero acerca de manifestações culturais que conhece com constrangedora profundidade. A cerimônia de concessão do Aeroporto do Galeão, em 2 de abril de 2013, despertou o lado bossa-novista da presidente — sempre com harmonias ousadas. Como a de que uma canção escrita por Jobim em 1963 já previa o golpe do ano seguinte, o exílio dos contrarrevolucionários e a volta deles pelo aeroporto que hoje leva o nome do compositor, a partir de 1979:

44. "E esse 'Samba do avião', ele faz uma ligação entre o Brasil de hoje e o Brasil de ontem, porque o 'Samba do avião' descreve a chegada no Brasil, e em especial no Galeão, dos brasileiros que voltavam ao Brasil após a anistia, alguns após 21 anos de exílio, outros menos do que isso, mas essa é a realidade, o 'Samba do avião' é isso."

Mas a revelação inédita não era suficiente. Dilma aproveitou os eflúvios do aeroporto Tom Jobim para ir ainda mais alto, dissecando a letra, depois de definir a intenção do autor, o grande Tom — aqui arrasado pelo dilmês de uma nota só:[45]

45. "Veja que essa música, ela mostra duas coisas: para um exilado, o que era o Brasil? O que é a lembrança mítica do Brasil? É o Rio de Janeiro, né, e a 'minha alma canta'. E, além disso, mais na frente diz: 'Rio de sol, de céu, de mar. Dentro de mais um minuto estaremos chegando ao Galeão', chegando aqui, no Galeão. E aí, no final diz: 'Aperte o cinto, vamos chegar, água brilhando' — que é uma coisa fundamental, a água brilhando, você ver a água brilhando —, 'olha a pista chegando e vamos nós pousar'. Eu acho que a imagem é belíssima, porque acredito que um exilado não volta para o Brasil, pousa, pousa."

É, sem dúvida, uma interpretação teco-teco para um clássico supersônico da MPB.

---

[45] Para ver Dilma Rousseff recriar Tom Jobim: <https://youtu.be/nsE4ERqFIu8>.

Denúncia grave: segregação no metrô de Dilma

Em 20 de março de 2014, durante anúncio de investimentos em mobilidade urbana em Belém do Pará, a presidente fez uma confissão bem a seu estilo: só então descobrira que metrô não para em semáforo nem em faixa de pedestre. Só nas estações, para pegar passageiro. Daí sua vontade de compartilhar essa informação com os paraenses, que nunca haviam visto um metrô.[46]

46. "Vamos dar prioridade a segregar a via de transporte. Segregar via de transportes significa o seguinte: ou você faz metrô, porque o metrô... porque o metrô, segregar é o seguinte, não pode ninguém cruzar rua, ninguém pode cruzar a rua, não pode ter sinal de trânsito, é essa a ideia do metrô. Ele vai por baixo, ou ele vai pela superfície, que é o VLT, que é um veículo leve sobre trilho. Ele vai por cima, ele para de estação em estação, não tem travessia e não tem sinal de trânsito, essa é a ideia do sistema de trilho."

Instituído o *apartheid* no metrô brasileiro.

De cima é outra coisa

Choveu, inundou, o dilmês decolou. A única maneira de Dilma prestar solidariedade a vítimas de grandes enchentes tem sido o sobrevoo de helicóptero, cerimonioso e inútil e, na descida, uma declaração mais catastrófica que o desastre climático. Como em Rondônia, em março de 2014:

---

[46] Para ouvir Dilma Rousseff detalhar ao povo de Belém o que seria o metrô: <http://www2.planalto.gov.br/centrais-de-conteudos/audios/audio-do-discurso-da-presidenta-da-republica-dilma-rousseff-durante-cerimonia-de-anuncio-de-investimentos-do-pac2-mobilidade-urbana-para-belem-pa-belem-pa-35min41s>.

47. "Pode saber que sempre que você vê, sabe, você vê isso tudo, você fica achando que é, os meus problemas também passam a ser muito pequenos, os problemas de cada um da gente, porque é a gente diante da natureza e da força dela, não é?"

A grandiosidade da mãe natureza sempre fica pequena quando descrita em dilmês.

Salvem os países submergentes

Quando candidata, ela considerava o meio ambiente uma ameaça. Presidente, foi Dilma, a insustentável, na Rio+20, em junho de 2012. Na coletiva em que explicou os objetivos da conferência, referiu-se a um novo, e dramático, grupo de países: os submergentes. Eles precisavam de um fundo para sair do fundo:[47]

48. "Há necessidade de financiamento de diferentes países, notadamente alguns países da África e as pequenas ilhas e os países que estavam ameaçados de consequências danosas por desastres naturais, inclusive alguns que ficavam submersos por alguns momentos."

O dilmês, di comer e de beber

Em 2012, Dilma Rousseff não deu muita sorte na Bahia: o lendário "Comício de Cazajeiras" consagrou a derrota de Nelson Pelegrino na disputa pela prefeitura de Salvador. Mas agora era um momento mágico na relação entre o homem e o meio ambiente: em Malhada, a 900 quilômetros da capital, no castigadíssimo sertão baiano, a presidenta transformou seu discurso pífio em água abundante na

---

[47] Para ver a entrevista de Dilma Rousseff na Rio+20: <https://youtu.be/8KaphSuzLuo>.

cerimônia de inauguração da primeira etapa do sistema adutor da região de Guanambi — na verdade, mais uma inauguração da promessa de acabar com a seca no Nordeste. Falando de seca, a estiagem do pensamento de Dilma chega a ser bíblica. Começa o dilúvio:

49. "Pra nós agora, chegou a hora, junto com o Jaques Wagner, da gente resolver o problema da água de uma forma a garanti (sic) que as mulheres e os homens, as crianças, possam tomá (sic) café de manhã, tomá (sic) banho, tê (sic) uma água saudável."

No Nordeste, o chamado "problema" da água continuava sendo sua inexistência. Mas isso acabaria:[48]

50. "E também nós queremos, e por isso que nós vamos lançar terça-feira o programa de irrigação, nós queremos usá (sic) a água pra aumentá (sic) o chamado 'di comer' (sic). Nós queremo (sic) aumentá (sic) a produção de alimentos."

Ficou a dúvida: quem, por lá, diz "di comer"?
O que o governo afinal pode fazer para aliviar as vidas secas?

51. "A gente sabe, dentro da nossa condição de seres humanos, que nós num (sic) controlamos o clima. Nós não controlamos o dia que chove, quando não chove, porque um ano chove mais do que o outro. Mas nós podemos garantir que a gente tenha instrumentos para que, quando não chovê (sic), a gente tenha água istocada (sic), que a gente tenha um açude, que a gente tenha uma adutora pra captá (sic) água de um rio volumoso, como é o São Francisco, e levá (sic) água pra população, de forma garantida, chova ou faça sol."

---

[48] Para ver Dilma resolver o problema da água no Nordeste: <https://youtu.be/9AA5HHbpcqY>.

Simples assim: para acabar com a seca, água.

Em abril de 2013, fez um périplo pelo Ceará. Num discurso em Fortaleza, dia 2, o assunto também foi a seca do Nordeste — ainda impiedosa, apesar da água despejada por ela. Para não se citar — o que sempre causa problemas —, referiu-se, de novo, a um jagunço tão sábio e literário quanto os personagens de Guimarães Rosa e Graciliano Ramos. O problema é que esse chiste do sertanejo teve de atravessar a caatinga inclemente do dilmês. Ele teria dito mais ou menos isto:

52. "O futuro está em cima, em cima no sentido de que o futuro é sempre uma exigência maior que a gente se faz a si mesmo."

Seria uma versão em dilmês de "o futuro a Deus pertence"?

Jô Soares, a bíblia e a metáfora do dilmês

Na entrevista à nova fase de Jô Soares — petista do período pré--mensalão e pré-petrolão —, Dilma fez seu talk show voltar a ser um programa de humor.

Culpa do Jô, que parecia estar entrevistando a Dilma mitológica de anos atrás. Ele abriu a entrevista assim: "Bom, você é uma leitora fanática, de chegar a andar com mala cheia de livros, e, de repente, na ânsia de ler, até bula de remédios não escapavam (sic) de seus olhos." E a pergunta? A primeira pergunta de Jô a Dilma foi de corar sacristão: "E como é que é a história da Bíblia, quando você estava presa, encarcerada, e essa Bíblia tinha que passar para outros prisioneiros. Conta essa história pra gente..." Disse a presidente: "Ah, Jô, era uma história que é assim: num (sic) tinha livros..." Só havia mesmo a Bíblia da hermeneuta em dilmês:[49]

---

[49] Para ver a entrevista de Dilma Rousseff a Jô Soares: <http://globotv.globo.com/rede-globo/programa-do-jo/v/assista-a-entrevista-completa-de-dilma-rousseff-no-programa-do-jo/4250014/>.

53. "A Bíblia é algo fantástico, ela é uma leitura que ela envolve de todas as maneiras. Além de sê (sic) uma expressão religiosa, da religião da qual nós, a maioria do Brasil, compartilha. Mas, além disso, ela tem alta qualidade literária e tem, também, histórica. Então, é uma leitura que, eu quero te dizer o seguinte: para mim foi muito importante, principalmente porque ela trabalha com metáforas. E é muito difícil, a metáfora é a imagem, o que é a metáfora? Nada mais que você transformá (sic) em imagem alguma coisa. E não tem jeito melhor de ocê (sic) entendê (sic) e compreendê (sic) do que a imagem."

A metáfora do dilmês está em Apocalipse.

Loteria dos perdedores

O cenário desta declaração se perdeu na nuvem. Era uma entrevista de rua e fizeram uma pergunta sobre alguma disputa. A resposta foi de Dilma, sem qualquer sombra de dúvida:[50]

54. "Eu acho que quem ganhar ou quem perder, nem quem ganhar nem quem perder vai ganhar ou perder. Vai todo mundo perder."

A conta só bate mesmo em dilmês.

Janela indiscreta

As imagens feitas em dilmês são sempre surrealistas — entre o pândego e o cubista. O dilmês parece acusar quando quer elogiar. O governador do Piauí, Wellington Dias, é aliado de primeira e

---

[50] Para ver Dilma filosofar sobre perdedores e perdedores: <https://www.youtube.com/watch?v=pFmMj4im7kw>.

última hora da presidente — mas ficou mal para ele esta declaração de Dilma na mesma cerimônia dos Jogos Mundiais dos Povos Indígenas, onde saudou a mandioca e declarou o nascimento da *Mulher sapiens*:

55. "Não posso deixar de cumprimentar o nosso governador do Piauí, Wellington Dias, que nós carinhosamente chamamos 'o índio', e que se caracteriza pelo fato de que todos nós sabemos que, se ele pular uma janela, é bom a gente pular atrás, porque ele descobriu alguma coisa absolutamente fantástica."

Trata-se, portanto, de um desbravador com tendências suicidas — combinação só possível em dilmês.

Irmãos dilmeses

Ainda na mesma histórica cerimônia da mandioca, em Palmas, no Tocantins, em junho de 2015, a presidente pareceu ter ameaçado submeter toda a população local a um teste coletivo de DNA:

56. "Essa jovem capital vai sediar algo bastante antigo, que é essa capacidade de nós termos no esporte um momento de irmanação; eu não quero falar de fraternidade, eu quero dizer que nós nos transformaremos em irmãos."

O dilmês é mesmo uma irmandade de um único membro.

A idade de sentar

Na abertura do 3º Festival da Juventude Rural em Brasília, Dilma foi, ao mesmo tempo, presidente, mestre e bedel da entusiasmada plateia. Quando se iniciaria o suplício dos "comprimentos", a claque

— já inquieta — começou o alarido, obrigando-a a uma tirada que nem Silvio Santos sacaria do baú:

57. "Eu quero desejar, aqui, a cada um dos jovens, a cada uma das jovens presentes... Vocês sabem qual é a maior prova de que aqui estamos aqui no Festival da Juventude? É que o pessoal senta. Por dois motivos: porque senta em respeito aos outros, mas também porque, na minha idade, eu não sento não, gente."

Noite e dia — e mais um pouco

Eis aqui uma expressão que Dilma Rousseff deveria ter usado no discurso de *Cazajeiras*, perdão, Cajazeiras — terra das três irmãs que tentavam seduzir o prefeito Odorico Paraguaçu na novela "O Bem-Amado". É Odorico típico — na primeira entrevista de Dilma como presidente reeleita, em outubro de 2014:

58. "Vou lutá (sic) diuturna e noturnamente (sic) pra que o crescimento no sentido de melhoria de vida pro brasileiro e pra sua família seja melhor ainda."

Não foi um tropeço acidental — mas uma norma instituída do dilmês. Ela repetiria a expressão pelo menos mais duas vezes. Esta outra promessa foi em evento do Minha Casa, Minha Vida em Roraima, já em meio à crise, em agosto de 2015:[51]

"Por isso eu me comprometo a trabalhar diuturna e noturnamente."

---

[51] Para ver Dilma Rousseff diuturna e noturnamente: <https://www.youtube.com/watch?v=GcPaxcVHnBY>.

Até hoje o RH do Palácio do Planalto não a avisou de que as horas extras têm um limite no funcionalismo público.

Caminhando e cantando

Fã de Geraldo Vandré na época em que combateu a ditadura, Dilma recordou um tempo de que provavelmente não se recorda — mas ouviu dizer, como quase tudo o que acha que sabe. Esta é uma nota de memória bastante remota:

59. "Eu comecei a caminhar, eu caminhei com 1 ano e pouco, eu não fui daquelas meninas que caminharam rapidinho, não. Caminhei com 1 ano e pouco."

Ela pode ter andado tarde. Mas caminhar se tornou um de seus verbos favoritos. Na frase acima, foram quatro vezes em duas linhas.

O gaúcho é, antes de tudo, parente do Aeromovel

Ao inaugurar, com trinta anos de atraso, a linha-mãe do Aeromovel — percurso de 814 metros entre a Estação Aeroporto da Trensurb e o Terminal 1 do Aeroporto Internacional Salgado Filho, em Porto Alegre —, causando ciúmes à enorme e deserdada família do trem-bala, Dilma Rousseff usou essa demora para fazer poesia.[52] Em dilmês, saiu isto:

60. "Porque conviver com o Aeromovel, ali em frente do Parobé, e sabendo que se tratava duma tecnologia diferenciada, despertou, ao longo desse tempo, um certo parentesco, eu acho, entre

---

[52] Para ver Dilma Rousseff discursar poeticamente em Porto Alegre: <https://youtu.be/DB8BwdsCuiw>.

os moradores de Porto Alegre e o Aeromovel. O Aeromovel é um pouco de cada um de nós, e ele tem aquela familiaridade que as coisas com as quais você convive durante muito tempo despertam numa pessoa."

Diabetes não tem remédio. A insulina tem — mas na privada

A saúde, principalmente a pública, não é o ponto forte do governo Dilma — nem dela, como doutora-chefe das políticas de seu governo para essa área fundamental.

Às vezes, porém, a presidente exagera no discurso patológico. Este foi numa coletiva do Palácio do Planalto, em abril de 2013. O assunto? A Farmácia Popular:

61. "Nós colocamos à disposição das pessoas, nas farmácias populares, nas farmácias populares que se chamam Aqui Tem Farmácia Popular, são as privadas, coloca à disposição tanto remédios para hipertensão como remédio para insulina."

A insulina desceu da condição de remédio para a de doença — a exemplo do dilmês.

Dilmês papal

A presidente Dilma encontrou-se no Vaticano com o papa, que fala português, e, na saída do seu concílio particular com Francisco, fez uma miniencíclica em dilmês.[53] O que se aproveita dessa liturgia:

62. "Ele disse que tinha de evitá (sic) orgulho, o papa é muito, eu diria assim, muito modesto. Ele comentou que não se pode ter

---

[53] Para ver Dilma avaliar seu encontro com o papa Francisco: <https://youtu.be/3--978aGa5E>.

orgulho, nem pretensões, você tem que lutá (sic) para fazê (sic) as coisas direito, e lembrar sempre que tem um peso nas costas. Ele é um papa muito normal, viu?"

Uma pergunta até certo ponto herética: como seria um papa anormal?

O cachorro sai da sombra

Na entrevista recente dada de bandeja a Jô Soares, a proverbial preocupação de Dilma em relação ao que ele chama de "malfeitos" ganhou mais uma fábula. Para demonstrar a um de seus últimos fãs que não tolera desvios — de uma sonda de 12 bilhões de dólares a uma lancheira escolar —, revelou ao apresentador que seu governo usa métodos de controle digital e remoto na construção de creches com verbas federais. O sistema de vigilância é o seguinte: o prefeito fotografa as obras e manda para Brasília. Dilma está de olho permanentemente: "Aí nós descobrimos que um prefeito que tinha quatro creches tava (sic) mostrando a mesma creche. E adivinha como é que a gente descobriu?" "Como?"

63. "O cachorro era o mesmo. O cachorro parado na frente da creche era o mesmo das quatro creches. O que causou uma grande indignação em nós aqui. Que história é essa desse cachorro aí? Eu te contei essa história justamente pra mostrar o seguinte: você tem de acompanhar."

Se esta seleção de 63 momentos tem algum mérito, ei-lo: descobrimos, sem querer, onde foi parar aquele cachorro de Dilma que era a figura oculta atrás de cada criança e que abre este capítulo: ele se materializou na frente de cada creche. Talvez à espera das crianças da creche, ainda ocultas.

15. "Não esqueçam o que falei"

O velho imigrante polonês chega para o exame de vista e o oftalmologista projeta na parede uma primeira sequência de letras para o teste de acuidade visual:

CJWKJYZK

O médico pergunta: "O senhor consegue ler isso?" "Claro, esse é muito meu amigo!"

A piada do paciente polonês cabe em qualquer exegese do dilmês. Quem ouve Dilma há algum tempo, e com algum método, já se habilitou a bater o olho em qualquer frase dela, mantida a sintaxe original, e afirmar, sem piscar, mesmo que aparentemente não faça sentido: isso é familiar, isso é dilmês.

O autor destas linhas é capaz de identificar uma única frase em dilmês em meio a mil outras, de autores diferentes. A combinação sintática é inconfundível.

Diante dessa sintaxe particularíssima, seria possível fazer algum glossário do dilmês? Elencar um conjunto de termos, ditos ou expressões que caracterizem filologicamente esse idioleto conjugado pela presidente Dilma?

Em tese, não. O dilmês não tem um vocabulário privativo: apropria-se do instrumental vernacular do português bem falado — só que de um jeito todo particular, resultando na vocalização de um estado rudimentar de raciocínio. Mas é possível, claro, apontar alguns maneirismos típicos do dilmês:

- Inicia 80% das frases de um discurso com "e aí eu queria dizer uma coisa muito importante" ou "e aí eu queria dizer para vocês". E, quando isso acontece, o que será dito não tem nenhuma importância — ou será dito de modo a não ter importância. Ou não será dito.
- Finge que está apresentando uma nova modalidade de gestão pública — apenas para desfilar uma platitude constrangedora. Assim: "Quanto mais nós percebemos que um governo sozinho não é capaz de dar conta da luta, mais nos esforçamos para fazer a parte do governo. Isso não significa não fazer a parte do governo. Significa que o governo tem de fazer sua parte." (Na cerimônia de lançamento do programa Mulher: Viver sem Violência, em março de 2013.)
- Afirma uma coisa e depois pergunta a si mesmo por que afirmou aquela coisa: "E tem algo que eu tenho muito orgulho, que são às creches. Por que eu me orgulho das creches?" Ou: "As mães se beneficiam, mas a creche é para criança. Para quê a criança?" (Ambas extraídas do discurso de Dilma na entrega de unidades do Minha Casa, Minha Vida em Presidente Prudente, em 16 de setembro de 2015.)

Às vezes, uma pergunta não é suficiente: "Se a gente for olhar essas manifestações de junho, nós vamos ver que elas foram feitas por quê? Por que elas foram feitas?" (Inauguração de estações de metrô de Fortaleza, em julho de 2013.)

- É incapaz de descrever a seu modo a alma do brasileiro sem estender suas *antropologices* a "cada um de nós". Ou seja: para Dilma, cada um de nós na verdade somos todos nós — mas continua sendo cada um. Como aqui, no mesmo evento de Presidente Prudente: "Cada um de nós é diferente do outro, cada um de nós tem um jeito, cada um de nós... ninguém é igual a ninguém. Isso é assim."
- Se tenta brincar, a coisa fica mais séria: "Mas eu não posso deixar de encerrar... aliás, deixar de encerrar eu não posso mesmo, não vou ficar falando aqui a vida inteira."(Formatura do Pronatec, em 30 de agosto de 2013.)
- Ao trocar uma palavra que não vem à cabeça, o que vem à cabeça é sempre um deboche involuntário: "Aula de pedreiro, aula de eletricista, aula de tratador de doente". (Destacando os cursos do Pronatec, eventualmente para funcionários de zoológico, em João Pessoa, em março de 2013.)
- Se o improviso não lhe trai, um sinal gráfico traiçoeiro, num texto previamente escrito, como o trema que picotou o Quênia, cruza-lhe o caminho como um quebra-língua: "Sim, presidente, vencemos a submissão, a estagnação, o pessimismo, vencemos a indignidade. Talvez, presidente, nós tênhamos (sic) vencido esse pesado resquício da escravidão que este país carrega ou carregou tão forte." (Em seu discurso de despedida da Casa Civil para disputar a Presidência, em 31 de março de 2010, incensando o padrinho com o circunflexo extraído do dilmês.)

Sim, o dilmês — como já dito aqui — tem método, tem estilo, tem um jeito de ser que se adapta às mais variadas circunstâncias. Mas o idioleto presidencial tem também traços congênitos, praticamente sindrômicos. Exemplos:

O dilmês inventa

Ligado no modo delirante, o dilmês tem enriquecido seu glossário com viagens assombrosas ao mundo da fantasia. No campo dos transportes, por exemplo, se o que foi prometido tivesse sido levado a sério, nosso trem-bala já ligaria São Paulo ao Rio mais rapidamente do que atravessar o Túnel Rebouças ou o Nove de Julho, o país teria oitocentos aeroportos novos e até vacas viajariam de avião para serem ordenhadas. Na Expozebu, em Uberaba, em maio de 2013:

> Nós queremos incentivar a aviação para os pontos, as cidades médias do nosso Brasil afora. Daí porque nós criamos uma estrutura de subsídio, que vai assegurar um fluxo de passageiros. Porque um morador aqui de Uberaba, ele vai poder acessar a uma viagem de avião a um preço mais ou menos equivalente a uma viagem de ônibus. Em algumas cidades isso ocorrerá, no Brasil, e nós iremos fazer, também, primeiro começaremos com 280 e, depois, continuaremos. Então, para nós, é muito importante essas linhas regulares de avião para Uberaba.

O dilmês delira

Ao traçar perfis de aliados, Dilma os faz saltar da janela, como o governador Wellington Dias, ou os transforma em astros da série "Guerra nas Estrelas", caso do prefeito Eduardo "Darth Vader" Paes, o "único prefeito do Rio do mundo":[54]

> O Eduardo eu sei que ele é um homem feliz, um homem realizado, porque ele disse para mim que ele é o único prefeito do Rio de Janeiro do mundo e isso o torna uma pessoa especial. Ele tem alegria 24 horas por dia, 365 dias no ano de sê (sic) o prefeito da mais bonita,

---

[54] Para ver Dilma Rousseff alçar Eduardo Paes às galáxias: <https://youtu.be/QbL9Z0uOpUg>.

da mais fantástica cidade. Ele disse... e eu cheguei à conclusão que ele é o melhor prefeito das galáxias e não é da via láctea. É de uma galáxia chamada Rio de Janeiro, uma galáxia especial.

O dilmês radicaliza

Para a presidente, o mundo fora do *lulopetismo* é sempre ameaçador — inclusive, como se sabe, o próprio meio ambiente. Por ela, o Hemisfério Norte já teria sido exterminado — não fosse sua "imensa capacidade" de se recriar todos os anos. Antes, porém, é preciso atropelar Euclides da Cunha e eliminar o sertanejo — como fez em Fortaleza, em junho de 2013:

> O nordestino, já dizia um grande escritor brasileiro, é, antes de tudo, um forte. O cearense é, antes de tudo, um forte. O brasileiro é, antes de tudo, um forte. E nós sabemos que, se tem países que vencem o inverno mais rigoroso, porque a cada ano ele se repete e mata tudo e todos, não tem alimentação, não tem produção, mas eles têm formas de conservar a produção.

O dilmês descobre

Na visita às obras do Canal do Sertão Alagoano, em março de 2013, depois de mostrar grande intimidade com o Velho Chico, o dilmês descobriu para que servia a água, permitindo-se uma série de coisas:

> Ela sai lá do Veio (sic) Chico e chega nas torneiras das casas de cada um dos moradores dessa região. Ela sai de lá, sacia a sede do povo dessa região, permite que a mãe dê banho no seu filho, permite que a comida seja feita com uma água de qualidade, permite que um agricultor crie a sua horta, crie o seu rebanho, crie a sua produção."

O dilmês enfatiza

Uma vez nunca é o bastante. A ênfase, mesmo à custa de uma linha de montagem para uma mesma palavra, é outro apanágio do dilmês, sempre preocupado com a preocupação e comprometido com o compromisso: "Nós temos tido, o meu governo, uma grande preocupação, essa preocupação foi externada em vários momentos, essa é uma preocupação com a infraestrutura do país. Por que é uma preocupação com a infraestrutura do país?" (Na cerimônia de entrega de retroescavadeiras e motoniveladoras a prefeitos do Rio Grande do Sul, em abril de 2013.)

Ou: "Eu queria dizer para vocês, nesta noite, aqui no Ceará, em Fortaleza e nessa escola, o compromisso forte, o compromisso que é um compromisso que eu diria o maior compromisso do meu governo. Por que é que o compromisso com a educação tem que ser o maior compromisso de um governo?" (Na inauguração de uma escola de educação profissional em Fortaleza, abril de 2013.)

O dilmês canibaliza

Ao transcrever uma conversa tida com outra pessoa, o dilmês sempre faz seu interlocutor falar... dilmês. Inclusive o papa: "Ele estava me dizeno (sic) que ele espera uma presença grande dos jovens na medida em que ele é o primeiro papa, ele é várias coisas primeiro." (Reproduzindo o diálogo que teve com Francisco, no Vaticano, antes da vinda de Sua Santidade ao Brasil, em julho de 2013.)

O dilmês piora

A progressiva deterioração de mensagens originais que já nasceram deformadas é outra marca registrada desse idioma. É o caso da apropriação indébita do Velho do Restelo, de Camões, para combater o pessimismo do brasileiro — como visto em capítulo anterior. Se, da primeira vez, ela confiscou o épico personagem do maior bardo português para vender secadoras de roupa do programa Minha Casa Melhor, aqui foi para inaugurar a pedra fundamental da construção do Veículo Leve sobre Trilhos (VLT), no Rio, em junho de 2013 — quando os maus-tratos infringidos a Camões e ao velho foram ainda mais impiedosos:

> E o Camões, que criou a nossa língua portuguesa, tem uma parte, naquele livro dele, *Os Lusíadas*, que ele conta a seguinte história. E tinha um velho que ficava ali parado junto, especializado em falar o seguinte: "Não vai dar certo essa viagem. Vocês vão naufragar. Vocês vão encontrar..." — porque eles achavam que tinha um abismo no mar — "...vocês vão encontrar os monstros no abismo. Vocês estão é querendo expressar a vaidade de vocês, a glória vã da conquista". E o velho, conhecido como Velho do Restelo, era esse azarador-mor. Azarava tudo! Se esse velho tivesse dominado aquele pessoal que ia para dentro das caravelas e atravessava o Atlântico — umas caravelinhas pequenininhas assim —, se ele tivesse azarado, nós não seríamos o que somos hoje.

O dilmês não tem certeza

Quando Dilma acha, ela não encontra — sobretudo em assuntos que domina mal, incluindo todos. Como aqui, em julho de 2010, ainda alinhavando sua candidatura e prometendo não ser revanchista contra os milicos que a supliciaram na juventude:

> Eu acho que é muito diferente a instituição Exército brasileiro, Forças Armadas, daquele período histórico. Acho que inclusive naquela época cê (sic) tinha diferenças entre o Exército. E hoje eu acho que nós temos um Exército num país democrático, em geral, sem exceção, nas três Forças.

O dilmês não fala línguas

Dilma, é claro, é monoglota. E, sempre que tenta se aventurar na língua dos outros, *pays monkey*, ou paga mico. Num café da manhã com a imprensa, no Palácio do Planalto, em outubro de 2013, ao tentar escapar de uma pergunta sobre as gafes do ministro Guido Mantega, feita por uma jornalista de nome Tânia, escorregou numa casca de banana:

> Ô Tânia, eu não sei como fala casca em inglês, você sabe? Casca, uma casca de fruta. É que eu queria falar que a Sandra... desculpa, a Tânia apronta para mim cascas de banana, mas eu queria falar em inglês para sofisticar o lance, viu Tânia? É falar inglês: "bananas cascas".

É a lógica do dilmês alcançando outros idiomas: na dúvida, é só inverter as palavras.

O dilmês se tornaria o idioma de uma presidente da República porque, no começo, seu potencial de calamidade não foi detectado. Não faltaram chances para isso. Voltando no tempo, a indicação de Dilma para a sucessão de Lula tem alguma similitude com o enredo do filme *Primavera para Hitler*, de Mel Brooks — que ele próprio transformaria mais tarde em musical campeão da Broadway, com o título de *Os produtores*.

Dois espertalhões arrecadam dinheiro de velhinhas endinheiradas, prometendo-lhes altas cotas de participação nos lucros — e se esmeram para produzir a pior e mais ofensiva peça de todos os tempos, a fim de fracassar na primeira noite, sair de cartaz e ficar com a maior parte do dinheiro. Mas a peça, de tão ruim, torna-se um fenômeno de bilheteria, um *cult* instantâneo.

Lula produziu uma candidata que seria fracasso de bilheteria garantido em qualquer país do mundo — e mesmo no Brasil, em outras quadras da história. Sua decolagem seria impossível num cenário político com a cabeceira da pista plenamente iluminada. As cortinas do triste espetáculo comentado neste livro seriam fechadas para sempre no primeiro discurso, na primeira entrevista. Mas ela continuou em cartaz e virou presidente.

Eleita, quis confrontar o famoso pedido feito por FHC ao se tornar presidente. E, numa prova de que o dilmês acredita muito em si próprio, fez uma promessa solene à mídia: "Vocês não me verão por aí pedindo que vocês esqueçam o que eu falei ou o que eu escrevi."

Um pedido pretensioso — e desnecessário. Até porque isso seria rigorosamente impossível para o leitor que chegou até aqui.

Este livro foi composto na tipologia Minion Pro
Regular, em corpo 11,5/16, e impresso em
papel off-white no Sistema Cameron da
Divisão Gráfica da Distribuidora Record.